NOTRE TERROIR

Recettes et produits bien de chez nous

marie claire
Éditions

SOMMAIRE

L'AUBERGINE

Noire, violette, blanche ou zébrée, ronde, allongée, géante ou naine…
Arrivée d'Afrique en Europe au XVe siècle,
elle est principalement cultivée dans le sud de la France.
Au marché, on en trouve facilement plus de douze variétés.

Fiche d'identité L'aubergine est de la famille des solanacées (comme les poivrons, les tomates et les pommes de terre). Elle révèle sa chair fondante et tous ses arômes seulement à la cuisson. Prenez garde à son mode de préparation, car sa chair absorbe beaucoup l'huile ; lorsque vous le pouvez, privilégiez la cuisson à la vapeur, grillée ou mijotée. L'aubergine est délicieuse en gratin, farcie, dans les ratatouilles, en caviar ou dans la traditionnelle moussaka grecque. Frite, elle fait d'excellents beignets.

Bien la choisir Idéalement, on la choisit plutôt petite et ferme, autour de 200 g. Elle contient alors moins de graines et se révèle plus savoureuse. Sa peau doit être lisse, brillante et sans tache brune. Fraîche, son pédoncule est encore bien vert. *À partir de 3 ou 4 €/kg.*

Côté nutrition Avec seulement 19 kcal pour 100 g (cuite), elle est peu calorique et très digeste si on lui évite les bains d'huile. Riche en antioxydants, majoritairement présents dans sa peau, l'aubergine protège les cellules du corps. Elle est aussi une excellente source de minéraux et d'oligo-éléments comme le potassium et le cuivre.

AUBERGINES farcies aux olives noires

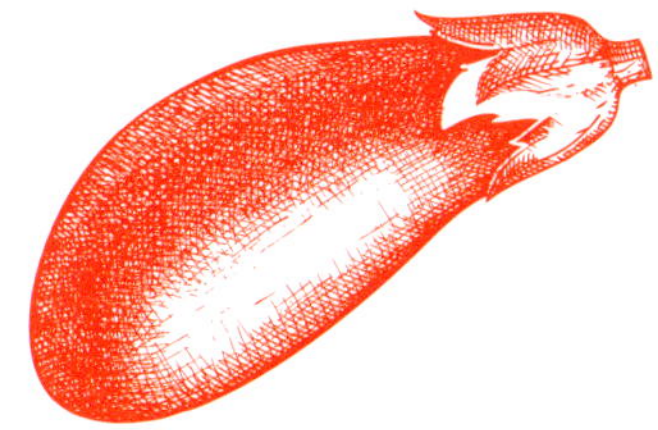

POUR 4 PERSONNES

PRÉPARATION : 20 MIN • CUISSON : 40 MIN
ASSEZ FACILE • BON MARCHÉ

• 4 aubergines • 5 champignons de Paris • 80 g d'olives noires dénoyautées • 2 tranches de pain rassis • 2 gousses d'ail • 3 brins de menthe • 3 brins de persil • 1 œuf • 5 cuil. à soupe d'huile d'olive • 30 g de beurre • Sel • Poivre du moulin

1. Coupez les aubergines en deux dans la longueur et quadrillez leur chair. Salez et badigeonnez-les avec un peu d'huile d'olive, puis faites-les cuire 30 min au four préchauffé à 200 °C.
2. Hachez les champignons grossièrement et faites-les cuire à feu vif dans 2 cuillerées à soupe d'huile.
3. Évidez délicatement la pulpe des aubergines, hachez-la et mélangez-la aux champignons.
4. Lavez et ciselez les herbes, pelez et hachez l'ail. Fouettez l'œuf. Coupez les olives en rondelles. Ajoutez l'œuf, les herbes et les olives dans les légumes. Poivrez et salez.
5. Hachez grossièrement le pain et faites-le blondir dans le beurre en mélangeant.
6. Garnissez les aubergines avec le mélange aux légumes et enfournez pour 10 min. 3 min avant la fin de la cuisson, parsemez de miettes de pain et d'herbes fraîches.

Conseil Servez les aubergines accompagnées d'une salade de mesclun et de jambon cru pour en faire un plat complet.

Le bon accord :
un côtes-du-roussillon rouge
(Languedoc-Roussillon).

CROQUE-MONSIEUR AUX AUBERGINES

POUR 4 PERSONNES

• Faites dorer 4 aubergines coupées en lamelles dans un peu d'huile. • Déposez quelques tomates confites, quelques tranches de mozzarella et 1 tranche d'aubergine sur 4 tranches de pain brioché. • Ajoutez un peu de pesto, assaisonnez et refermez chaque croque avec une autre tranche de pain brioché. • Appuyez un peu et faites cuire les croque-monsieur 3 min de chaque côté dans une poêle avec un peu de beurre.

AUBERGINES *alla parmigiana*

POUR 4/6 PERSONNES

PRÉPARATION : 30 MIN • CUISSON : 15 MIN
ASSEZ FACILE • BON MARCHÉ

• 3 aubergines • 40 cl de coulis de tomates maison
• 2 boules de mozzarella • 50 g de parmesan râpé • 15 cl d'huile d'olive
• 2 cuil. à soupe d'herbes de Provence • Sel • Poivre

1. Lavez et coupez les aubergines en tranches de 1 cm dans la longueur sans les peler. Faites-les frire 2 min de chaque côté dans une poêle avec l'huile. Posez-les au fur et à mesure sur une assiette recouverte de papier absorbant. Préchauffez le four à 200 °C.
2. Coupez les boules de mozzarella en lamelles à l'aide d'un couteau.
3. Huilez le fond d'un moule à gratin. Disposez des tranches d'aubergines et recouvrez-les d'un peu de coulis de tomates, puis de lamelles de mozzarella. Salez, poivrez et parsemez d'herbes de Provence entre chaque couche. Terminez avec une couche de coulis de tomates et les lamelles de mozzarella restantes coupées en cubes. Saupoudrez de parmesan râpé et enfournez pour 15 min de cuisson.

Le bon accord :
un IGP aveyron rosé (Sud-Ouest).

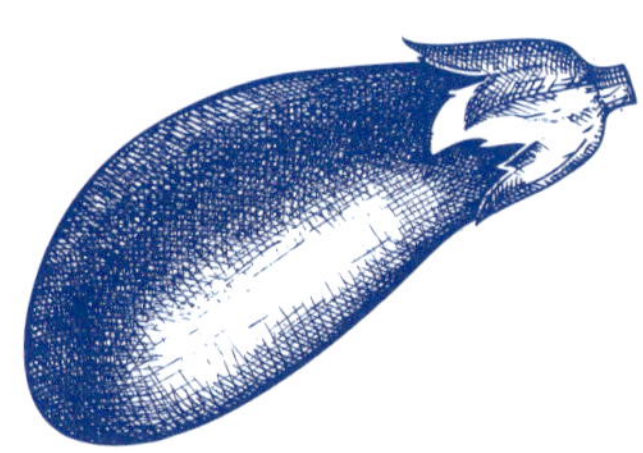

LA BETTERAVE

Ce légume racine, de la même famille que les épinards et les blettes, fait voir la cuisine en rose.

Fiche d'identité Son délicieux goût sucré s'invite de l'entrée au dessert. Ses différentes variétés – allongée, aplatie ou ronde – en font voir de toutes les couleurs. En cuisine, on utilise la betterave potagère, à ne pas confondre avec la betterave fourragère destinée à nourrir le bétail, et la betterave sucrière réservée à la production du sucre. Crue, elle est râpée ou découpée en rondelles. Sa peau se retire après la cuisson et permet de préserver sa couleur. En Europe de l'Est, elle est reine dans le bortsch, potage slave. Très prisée en Inde, elle entre dans la composition de crèmes, du chutney ou du curry.

Bien la choisir Crue et fraîche, elle doit être ferme, lisse et sans tache. Préférez les petits ou les moyens calibres, moins filandreux. Choisissez-la avec ses fanes, un régal en salade ou préparées comme des épinards. Elle est aussi souvent cuite sous vide, prête à l'emploi toute l'année. *À partir de 2,60 € le kg.*

Côté nutrition Sa couleur, due à des pigments de la famille des bétalaïnes, véritable concentré d'antioxydants, est un atout santé. Riche en manganèse, calcium, vitamine B9 et bêta-carotène, elle contient une haute teneur en nitrates, qui préservent l'élasticité des artères et améliorent l'oxygénation des muscles.

BETTERAVES TIÈDES
à la ricotta et à la grenade

POUR 4 PERSONNES

PRÉPARATION : 25 MIN • CUISSON : 2 H
FACILE • BON MARCHÉ

• 4 betteraves crues, si possible rouges et jaunes • 250 g de ricotta • 1 grenade • 40 cl de jus de betterave en bouteille (rayon bio, grandes surfaces) • 5 cl de vinaigre de vin rouge • 6 cerneaux de noix • 5 cl d'huile d'olive • 2 brins de cerfeuil • 10 brins de ciboulette • 2 cuil. à soupe de miel • 2 kg de gros sel • Sel • Poivre

1. Préchauffez le four à 180 °C. Lavez les betteraves et conservez quelques fanes. Séchez-les sans les peler. Versez un peu de gros sel dans un plat à gratin, posez les betteraves dessus et recouvrez-les de gros sel. Enfournez pour 2 h de cuisson.

2. Coupez la grenade en deux. Récupérez les graines en tapotant l'écorce avec une cuillère en bois. Versez le jus de betterave dans une casserole avec le vinaigre et le miel, puis laissez chauffer et réduire de moitié. Réservez.

3. Mélangez la ricotta à la fourchette avec les herbes ciselées. Conservez-en un peu pour la décoration. Ajoutez la moitié de l'huile. Salez et poivrez.

4. Pelez les betteraves encore tièdes. Coupez-les en quatre. Versez la sauce miel-betterave au fond de 4 assiettes. Déposez les quartiers de betterave et quelques fanes fraîches nettoyées. Parsemez de graines de grenade et de cerneaux de noix concassés. Agrémentez du reste d'huile et rectifiez l'assaisonnement. Servez avec la ricotta à part.

Conseil Vous pouvez aussi cuire les betteraves au four, dans une feuille de papier aluminium. Ou ajouter des copeaux de betterave crues.

Le bon accord :
un reuilly blanc (Loire).

LA BLETTE

Un temps tombée aux oubliettes, elle revient en force dans l'assiette, présentant le parfait profil d'un légume vert bon marché qui surprend par sa diversité.

Fiche d'identité Originaire du bassin méditerranéen, la blette, bette, ou encore poirée, est un parent éloigné de la betterave. Elle offre un bel éventail de variétés colorées du vert au rouge, et se consomme cuite dans les gratins, les soupes, les tartes, dans une alliance goûteuse avec le fromage. Elle étonne en version sucrée dans la recette de la tourte niçoise. Une équation à résoudre : les tiges, appelées cardes ou côtes, se cuisent deux fois plus longtemps que les feuilles. Il faut donc les séparer pour ajuster leur temps de cuisson. Pensez à ajouter un peu de jus de citron avant de les cuisiner afin d'éviter un petit arrière-goût terreux.

Bien la choisir Si on la trouve en vrac sur les étals, mieux vaut se tourner vers les bottes, qui se conserveront plus longtemps. Les feuilles doivent afficher une couleur intense, tout en étant fermes et non flétries. Les côtes, elles, restent souples et cassantes. Une astuce pour éviter d'avoir à lutter contre leur côté filandreux ? Choisissez des blettes jeunes avec des tiges fines. *À partir de 2,50 € le kg.*

Côté nutrition Un poids plume énergétique (20 kcal/100 g), mais un poids lourd en nutriments essentiels. Assez riche en protéines pour un légume, elle contient également du calcium, du potassium, du magnésium, du fer, des fibres, une bonne dose de provitamine A et de vitamine C. Sa botte secrète ? La glutamine, un acide aminé qui aide le corps à se régénérer.

Nos bons accords « Ce végétal au goût plutôt prononcé mérite un cépage bien associé pour ne pas le gâcher », rappelle le caviste Vincent Damestoy, des Vins de Vincent, à Bayonne. « Dans les blancs, on s'appuiera sur un sauvignon qui possède une belle maturité ou un vin de Savoie, blanc sec léger. Rien n'empêche un rouge, à condition qu'il garde un équilibre franc. Un pinot noir bourguignon sera recommandé pour sa légèreté et sa souplesse. L'erreur à ne pas commettre ? Partir sur un blanc trop opulent, comme un châteauneuf-du-pape. »

PANNEQUETS
de blette à la raie

POUR 4 PERSONNES

PRÉPARATION : 40 MIN • CUISSON : 20 MIN • REPOS : 2 H
ASSEZ FACILE • ABORDABLE

• 2 ailes de raie • 1 botte de blettes • 1 l de court-bouillon
• 20 cl de crème de noix de coco • 80 g de noix de cajou
• 2 cuil. à soupe d'huile de noisette • 2 cuil. à soupe de jus de citron
• 3 cm de racine de gingembre • Sel • Poivre

1. Lavez et séparez les feuilles des côtes des blettes. Plongez les feuilles dans un faitout d'eau bouillante salée quelques secondes pour les attendrir. Retirez-les délicatement à l'écumoire, en prenant garde à ne pas les trouer, et plongez-les dans une eau glacée. Plongez les côtes en gros morceaux dans le faitout et laissez-les cuire 5 min. Égouttez-les soigneusement.

2. Faites griller à sec les noix de cajou dans une petite poêle. Laissez-les refroidir et concassez-les au couteau.

3. Portez à ébullition le court-bouillon dans une casserole et faites-y pocher les ailes de raie pendant 10 min (la chair doit se détacher facilement du cartilage). Réservez.

4. Tapissez le fond de 4 bols assez évasés avec une feuille de film étirable en le laissant bien déborder. Disposez les plus belles feuilles de blette de façon à garnir toute la surface du bol et les faire ressortir légèrement. Hachez le reste des feuilles de blette avec les côtes et mélangez-les avec les noix de cajou concassées. Assaisonnez d'huile de noisette, de jus de citron, de sel et de poivre.

5. Disposez des morceaux de chair de raie sur le pourtour et le fond du bol. Au centre, garnissez du hachis de blette aux noix de cajou. Tassez bien le tout en pressant légèrement. Rabattez les bords des feuilles de blette sur la garniture et pressez encore. Refermez le film étirable et entreposez au réfrigérateur pour au moins 2 h.

6. Pelez et râpez le gingembre, puis mélangez-le avec la crème de coco sur feu doux. Au moment de servir, retirez le film. Renversez les bols sur chaque assiette et démoulez les pannequets de blette. Arrosez de la sauce tiède ou froide.

Le bon accord :
un sancerre blanc
(vallée de la Loire).

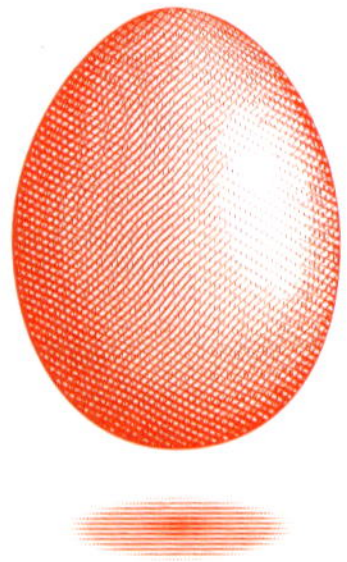

OMELETTE
à la niçoise

POUR 4 PERSONNES

PRÉPARATION : 20 MIN • CUISSON : 10 MIN
FACILE • BON MARCHÉ

• 4 feuilles de blette • 10 œufs • 50 g de comté râpé • 50 g de raisins secs blonds • 30 g de pignons de pin • 3 cuil. à soupe d'huile d'olive • Sel • Poivre

1. Émincez les feuilles de blette (gardez les côtes pour une autre recette) et faites-les cuire dans une casserole d'eau bouillante 3 min, jusqu'à ce qu'elles soient tendres. Égouttez-les.
2. Faites griller les pignons à sec 2 min dans une poêle. Faites gonfler les raisins secs dans un bol d'eau chaude pendant 5 min et égouttez-les.
3. Battez les œufs dans un saladier, puis ajoutez les feuilles de blette, le fromage, les raisins et les pignons. Salez, poivrez et mélangez bien.
4. Faites chauffer l'huile dans une grande poêle, versez le contenu du saladier et faites cuire à feu doux 6 à 8 min selon la cuisson désirée. Servez rapidement.

Le bon accord : un bellet rosé (Provence).

GRATIN DE BLETTES AUX ANCHOIS

POUR 4 PERSONNES

• Au mixeur ou au couteau, hachez grossièrement 6 filets d'anchois à l'huile, 1 gousse d'ail pelée et 3 brins de persil plat. • Séparez le vert et les côtes de 1 botte de blettes. Au couteau, hachez grossièrement les feuilles. • Faites-les « tomber » au beurre dans une sauteuse 6 à 8 min. • Coupez les côtes en rondelles et faites-les cuire à l'eau bouillante salée environ 10 min, jusqu'à ce qu'elles soient bien tendres. • Égouttez-les et mélangez avec les feuilles dans un saladier. • Ajoutez le hachis d'anchois et 15 cl de béchamel maison, puis mélangez bien le tout. • Rectifiez l'assaisonnement et versez l'ensemble dans un plat à gratin beurré. • Parsemez de comté râpé. • Faites dorer au four à 180 °C pendant 15 min. • Servez avec du poulet rôti ou une viande blanche.

LE BROCCIU

Produit emblématique de la riche production fromagère corse, le brocciu est protégé par une AOC, décrochée dès 1983, et une AOP depuis 1998. Il se déguste salé ou sucré, nature ou cuisiné.

Fiche d'identité C'est l'un des rares fromages issus de lactosérum, le petit-lait, récupéré lors de la fabrication des fromages traditionnels de brebis ou de chèvre. L'addition de lait entier cru rend le brocciu crémeux et idéalement gras. La mousse, obtenue après chauffage, est moulée selon l'ancestrale tradition pastorale, dans des paniers tressés. Salé en surface puis affiné, le brocciu devient passu. Sous une croûte crème, la pâte est plus ferme mais reste fondante. Seccu, le brocciu développe des arômes puissants. Altitude, climat, exposition, chaque recoin de terre corse nourrit une flore sauvage aux essences uniques qui, broutée par les troupeaux, confère sa typicité au lait puis au produit final. L'origine géographique et la qualité constante sont garanties par les critères stricts de l'AOP.

Bien le choisir On choisit un brocciu AOP pour avoir l'assurance que toutes les étapes de fabrication ont été réalisées en Corse. Selon les amateurs, il faut absolument goûter au fromage 100 % brebis avec de la confiture de figues et quelques gouttes de liqueur de myrte. Le brocciu frais se déguste idéalement dans les trois jours et doit être conservé au frais. *À partir de 15 € le kg de brocciu frais, et de 25 € le kg pour le passu.*

Côté nutrition Bien que gras (40 % minimum pour bénéficier de l'AOC), c'est un bon auxiliaire de santé. Il protège les os, par sa richesse en calcium, les muscles, car le lactosérum est riche en protéines, et les yeux grâce à la présence de vitamine A. Il est plutôt digeste, car son taux de lactose est faible.

Nos bons accords Les variantes sont nombreuses avec le brocciu tant il est caméléon et se déguste en moult occasions. Seul et un peu sec, aux herbes et à l'huile d'olive, c'est avec un patrimonio blanc qu'on l'aime ! Avec du sucre ou du miel, on le laisse en compagnie d'un muscat-du-cap-corse. Plus cuisiné avec d'autres ingrédients, on peut aussi passer sur un ajaccio rouge. Enfin, côté continent, on reste sur des blancs du Sud, languedoc et chardonnay de Limoux.

MINIPIZZAS
au brocciu et à la betterave

POUR 4 PERSONNES

PRÉPARATION : 10 MIN • CUISSON : 10 MIN
TRÈS FACILE • BON MARCHÉ

• 1 betterave • 1 bouquet de ciboulette • 250 g de brocciu • 20 cl de crème fraîche épaisse • 300 g de pâte à pizza • 2 cuil. à soupe d'huile d'olive • 3 pincées de piment d'Espelette • Sel • Poivre

1. Coupez la betterave en morceaux. Mixez-la au blender avec la crème, du sel et du poivre.
2. Écrasez grossièrement le brocciu avec l'huile d'olive, le piment d'Espelette et quelques brins de ciboulette ciselés.
3. Préchauffez le four à 210 °C. Étalez la pâte à pizza et découpez-la en cercles individuels à l'aide d'un emporte-pièce. Tartinez chaque cercle de purée de betterave. Répartissez le brocciu par-dessus, poivrez et enfournez pour 10 min. Parsemez de ciboulette fraîche au moment de servir, avec une salade verte assaisonnée à l'huile de noisette (corse, bien sûr !).

Le bon accord : un calvi rosé (Corse).

OMELETTE FINE ROULÉE AUX HERBES
POUR 4 PERSONNES

• Préchauffez le four à 180 °C. Fouettez 6 œufs avec 100 g de brocciu, incorporez 6 feuilles de menthe, 10 brins de ciboulette ciselés et 3 pincées de feuilles de thym. Salez. • Chauffez une grande crêpière, graissez-la généreusement à l'huile et au beurre, puis versez la préparation. Laissez cuire 1 à 2 min sur feu vif (elle doit rester baveuse). • Hors du feu, répartissez 150 g de brocciu écrasé, salez et poivrez. • Roulez l'omelette, arrosez d'un filet d'huile d'olive et enfournez 2 min. • Pour servir, tranchez dans la hauteur.

TARTE
au brocciu

POUR 4 PERSONNES

PRÉPARATION : 10 MIN • CUISSON : 35 MIN
FACILE • BON MARCHÉ

• 1/2 citron • 2 œufs • 300 g de brocciu • 20 g de beurre
• 1 rouleau de pâte sablée (ou brisée) • 70 g de sucre en poudre
• 1 cuil. à soupe d'eau-de-vie (facultatif)

1. Écrasez le brocciu au presse-purée. Fouettez les œufs avec le sucre en poudre, les zestes et le jus du citron et (éventuellement) l'eau-de-vie. Ajoutez le fromage et mélangez.

2. Préchauffez le four à 180 °C. Graissez et foncez un moule assez profond avec la pâte sablée. Versez la préparation. Ajoutez quelques parcelles de beurre et enfournez pour 35 min.

3. Saupoudrez de sucre avant de servir tiède, avec de la confiture, du miel ou une salade de fruits.

Le bon accord :
un muscat du Cap-Corse.

LE CABILLAUD

Ce poisson de la famille des gadidés a tout pour plaire, dont une saveur douce qui séduit même les enfants. Il est si apprécié qu'il devient victime de son succès.

Fiche d'identité Sa popularité croissante a progressivement mené à une raréfaction des stocks, liée à sa surpêche. Pour limiter son exploitation intensive, des mesures ont été prises pour réglementer la pêche en fonction de sa provenance. En France, une distinction gastronomique fait la différence entre le cabillaud, qui qualifie le poisson frais, et la morue, quand il est salé et séché. Mais il s'agit bien du même poisson à la chair subtile et délicate. Quand il est séché mais non salé, il peut également s'appeler « stockfish » dans l'Aveyron, ou encore le pays niçois où il est volontiers plongé dans le ragoût local, l'estocaficada, associé à des tomates, des pommes de terre et de l'huile d'olive.

Bien le choisir Dans un souci écologique, mieux vaut consommer des espèces certifiées « Pêche durable MSC ». Le cabillaud peut se consommer frais, salé ou séché. Si vous aimez les textures fermes, la chair située à proximité de la tête est parfaite. Pour plus de tendreté, dirigez-vous vers sa queue. La partie la plus onctueuse et aussi la plus recherchée (donc la plus chère) reste le dos de cabillaud. Frais, mieux vaut le savourer dans la journée ! *À partir de 9 € pour un filet de 100 g à 200 g.*

Côté nutrition Sa densité nutritionnelle, sa chair maigre (moins de 1 g de matière grasse aux 100 g et seulement 90 kcal) et ses protéines complètes en font un poisson de choix. Il contient également du sélénium, de l'iode, de la vitamine B12 et des oméga 3. Le petit plus ? Du fait de sa faible teneur en graisse, il est peu chargé en métaux lourds.

Nos bons accords Un vin blanc semblerait couler de source avec ce poisson à la texture moelleuse… « Blanc ou rouge, l'essentiel reste d'accompagner le cabillaud avec un vin qui possède beaucoup de fraîcheur et qui va pouvoir exprimer toute sa minéralité », intervient le caviste Vincent Damestoy, des Vins de Vincent, à Bayonne. « On évitera les rouges trop tanniques et les blancs liquoreux. Dans une sélection classique, un sancerre ou un chablis sauront le mettre en valeur. Dans une dégustation découverte, vous vous laisserez séduire par un muscadet d'un terroir de schiste, qui possède une saveur pierreuse et une note légèrement iodée. »

CABILLAUD
aux fines herbes

POUR 4 PERSONNES

PRÉPARATION : 15 MIN • REPOS : 2 H • CUISSON : 6 MIN
FACILE • ABORDABLE

• 4 pavés de cabillaud • 4 brins de basilic • 4 brins de ciboulette • 4 brins de cerfeuil • 2 brins de menthe • 2 brins d'estragon • 60 g de beurre salé • 10 cl d'huile d'olive • Fleur de sel • Poivre

1. Lavez et séchez toutes les herbes. Éliminez le bas des tiges puis mettez-les dans un bol et, à l'aide de ciseaux, coupez-les grossièrement. Ajoutez l'huile, du sel et du poivre, mélangez et laissez infuser au moins 2 h.
2. Faites chauffer le beurre dans une sauteuse et, dès qu'il mousse, ajoutez les pavés de poisson. Faites-les cuire 3 min de chaque côté en les arrosant de beurre pendant la cuisson.
3. Répartissez l'huile aux herbes sur chaque pavé. Servez-les accompagnés de riz blanc.

Le bon accord : un cour-cheverny (vallée de la Loire).

CABILLAUD LAQUÉ AU PIMENT D'ESPELETTE

POUR 4 PERSONNES

• Mixez 4 gousses d'ail pelées et 20 g de gingembre râpé avec 50 g de concentré de tomate, 3 cuil. à soupe de vinaigre de vin, 2 cuil. à soupe de ketchup, 2 cuil. à soupe de sauce soja, 2 cuil. à soupe de vin blanc sec, 1 cuil. à soupe d'huile d'olive, 1 cuil. à café de piment d'Espelette et 1 pincée de sucre. • Faites bouillir 3 min environ et ajoutez 100 g de beurre en parcelles hors du feu en fouettant pour bien lisser la laque. • Badigeonnez au pinceau ou à la cuillère 4 pavés de cabillaud avec la laque refroidie. • Parsemez-les de 4 cuil. à soupe de sésame et faites cuire au four préchauffé à 180 °C pendant 12 min. Servez aussitôt.

CABILLAUD EFFILOCHÉ
aux pommes de terre et aux olives

POUR 4 PERSONNES

PRÉPARATION : 20 MIN • CUISSON : 20-25 MIN
FACILE • ABORDABLE

• 600 g de filet de cabillaud • 8 pommes de terre moyennes « spécial vapeur » • 1 oignon rouge • 2 gousses d'ail • 1/2 botte de coriandre • 5 brins de persil plat • 180 g d'olives noires dénoyautées • 1 pincée de piment d'Espelette • Huile d'olive • Sel • Poivre

1. Pelez les pommes de terre et faites-les cuire à la vapeur dans le panier inférieur d'un cuiseur vapeur. Placez le cabillaud salé et poivré dans le panier supérieur, sur une feuille de papier cuisson. Comptez 20 à 25 min de cuisson. Au besoin, laissez cuire les pommes de terre pendant 5 min supplémentaires.
2. Pendant ce temps, pelez et écrasez l'ail au presse-ail, puis effeuillez la coriandre et le persil. Pelez et taillez l'oignon en rondelles. Égouttez les olives.
3. Coupez les pommes de terre moelleuses en rondelles et disposez-les sur un plat de service. Effeuillez le cabillaud par-dessus, puis répartissez les rondelles d'oignon et les olives. Arrosez d'huile d'olive, assaisonnez de sel, poivre et piment, parsemez d'herbes et d'ail haché. Servez aussitôt.

Le bon accord :
un côtes-de-duras blanc (Sud-Ouest).

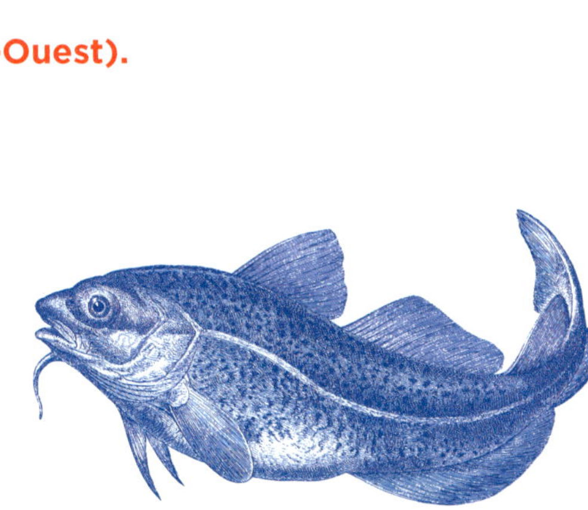

LA CAILLE

Ce petit volatile est souvent synonyme de plats raffinés et délicats. Sauvage, elle fait partie de la famille des gibiers à plumes.

Fiche d'identité Il en existe des centaines d'espèces toutes riches en goût. Sa chair tendre et ses arômes délicats en font un mets de choix. La caille issue de la chasse est dégustée en automne. En cuisine, la caille peut se préparer rôtie, braisée, farcie ou encore à la broche. Le plus simple est une cuisson en cocotte durant 25 minutes environ en pensant à bien l'arroser, car sa chair a tendance à se dessécher. Accompagnez-la de petits légumes comme des navets et des carottes. La caille se marie très bien avec les fruits secs comme les raisins, les pruneaux ou les figues. On l'adore aussi farcie aux champignons.

Bien la choisir Comme elle est petite, il est conseillé de prévoir idéalement une caille par personne. La peau doit être satinée et nacrée. Sa fragilité limite sa conservation à pas plus de deux ou trois jours au réfrigérateur. *À partir de 15 € le kg.*

Côté nutrition La caille est l'une des volailles les plus caloriques (198 kcal/100 g). Mais elle est aussi plus riche en protéines que la dinde ou le poulet et contient du fer, du phosphore et de la vitamine B.

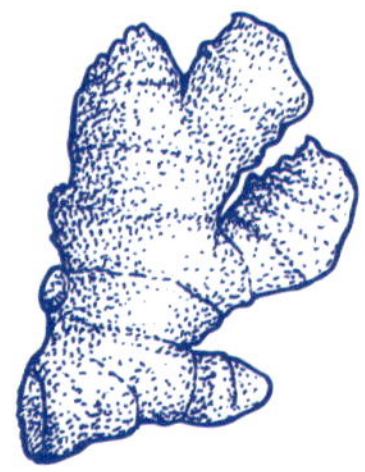

PASTILLAS *de caille*

POUR 4 PERSONNES

PRÉPARATION : 45 MIN • CUISSON : 1 H 10
UN PEU DÉLICAT • BON MARCHÉ

• 3 cailles • 1 oignon jaune • 1 noix de gingembre • 125 g d'amandes entières émondées • 6 brins de coriandre • 1 œuf • 30 g de beurre • 1 paquet de feuilles de brick • 2 cuil. à soupe de cannelle • 30 g de sucre glace • 3 cuil. à soupe d'huile d'olive • Sel • Poivre

1. Pelez et hachez l'oignon et le gingembre. Dans une grande cocotte, faites colorer les cailles dans le beurre en les retournant souvent pendant 10 min. Réservez-les.

2. À la place et sans rincer la cocotte, versez l'huile et ajoutez l'oignon et le gingembre. Laissez cuire 3 min, puis remettez les cailles. Salez, poivrez, ajoutez 1 cuillerée de cannelle et versez un verre d'eau. Laissez cuire à couvert 30 min.

3. Sortez les cailles et désossez-les. Recoupez leur chair en tout petits dés. Remettez la chair dans la cocotte et ajoutez la coriandre ciselée. Remettez à cuire 10 min.

4. Pendant ce temps, faites dorer les amandes dans l'huile d'olive. Lorsqu'elles sont dorées, hachez-les grossièrement et ajoutez-les dans la cocotte. Cassez l'œuf, battez-le et versez-le dans la cocotte. Mélangez le tout soigneusement.

5. Préchauffez le four à 180 °C. Étalez 1 feuille de brick sur le plan de travail et déposez un peu de farce dessus, repliez la feuille hermétiquement sur elle-même pour obtenir une sorte de galette. Posez-les au fur et à mesure sur une plaque recouverte d'une feuille de cuisson. Badigeonnez les pastillas avec l'huile de cuisson des amandes. Enfournez environ 15 min jusqu'à ce qu'elles soient dorées. Saupoudrez-les de sucre glace tamisé et de la cannelle restante.

Le bon accord :
un pinot gris d'Alsace.

CAILLES AUX RAISINS

POUR 4 PERSONNES

• Lardez 4 cailles avec 1 tranche de lard fumé chacune et ficelez-la. • Faites blondir 1 oignon ciselé dans une cocotte avec 30 g de beurre et ajoutez les cailles. • Faites-les dorer sur toutes leurs faces. • Versez 5 cl de cognac, faites flamber. • Versez 5 cl de bouillon de volaille et poursuivez la cuisson. • Ôtez la peau de 2 grappes de raisins et ajoutez-les dans la cocotte. • Salez, poivrez et continuez la cuisson encore 30 min.

CAILLES
aux oignons et au miel

POUR 4 PERSONNES

PRÉPARATION : 10 MIN • CUISSON : 35 MIN
FACILE • BON MARCHÉ

• 4 cailles • 150 g d'oignons grelots frais ou congelés
• 2 cuil. à soupe de moutarde • 5 cl de miel • 10 cl de vin blanc
• 2 brins de thym • 30 g de beurre
• 2 cuil. à soupe d'huile d'olive • Sel • Poivre

1. Préchauffez le four à 180 °C. Pelez les oignons s'ils sont frais. Faites chauffer le beurre dans une grande sauteuse et faites dorer les oignons 5 min en les retournant souvent.

2. Faites chauffer le miel 15 s au four à micro-ondes et mélangez-le avec la moutarde, du sel et du poivre. Versez le vin et mélangez encore. Placez les cailles dans un plat et déposez autour les oignons grelots. Émiettez dessus le thym et versez le mélange au miel sur les cailles et les oignons. Ajoutez un filet d'huile d'olive.

3. Enfournez pour 30 min, jusqu'à ce que les cailles soient bien dorées. Ajoutez de l'eau dans le plat pendant la cuisson si besoin. Accompagnez de pâtes fraîches.

Le bon accord :
un côtes de Bergerac rouge
(Sud-Ouest).

LE CÉLERI-RAVE

On le cantonne souvent à la rémoulade, ce qui explique peut-être que seuls 20 % des ménages en achètent au moins une fois par an.

Fiche d'identité Originaire du bassin méditerranéen, il provient d'une plante potagère, l'ache des marais, tout comme l'autre variété de céleri, le branche. Le rave est considéré à tort comme un légume racine. En fait, la pomme comestible, consommée depuis le XVIIIe siècle, provient de la base de la plante qui, en grossissant, forme un tubercule. Cuite, sa chair blanche croquante se fond dans les soupes ou les purées, ou se coupe en dés pour être poêlée. Il n'est jamais aussi bon qu'associé à d'autres légumes pour distiller son goût légèrement piquant qui évoque le radis.

Bien le choisir Le poids prime sur la taille… Privilégiez un tubercule ferme et lourd ; plus volumineux, il risquerait d'être creux. Le légume doit être uniforme, blanc à la coupure et sans tache. Un aspect spongieux indique sa vieillesse et, donc, une saveur plus corsée. Avant d'être pelé, il se conserve parfaitement au frais une semaine. Une fois entamé, pas plus de trois jours. *À partir de 1,40 € pièce.*

Côté nutrition Son faible apport calorique (42 kcal/100 g) n'est pas un frein à sa richesse nutritionnelle, phosphore, manganèse, vitamines B9 et K en tête. C'est surtout sa teneur en fibres qui est intéressante. Des fibres parfois peu digestes consommées crues, mais qui seront parfaitement tolérées après cuisson.

Nos bons accords « En salade un peu crémeuse, un blanc (beaujolais, saint-véran ou chardonnay) un peu frais et gras, pour maîtriser l'amertume, sera idéal », explique Lénaïc Tevelle, fondateur de La Cuv, caviste qui propose des dégustations et des cours d'œnologie à Bordeaux. « Avec un céleri-rave cuit, on évitera les vins trop tanniques, qui vont exacerber l'amertume du végétal. Une purée, servie avec une viande blanche ou un poisson, appréciera un gamay. Ma préférence va à un côte-roannaise, Cuvée n° 6 du Domaine des Pothiers, de Romain Paire. »

PURÉE DE CÉLERI
à la vanille

POUR 4 PERSONNES

PRÉPARATION : 30 MIN • CUISSON : 20 MIN
FACILE • BON MARCHÉ

• 1 boule de céleri-rave • 4 pommes de terre • 1 petite tige de céleri branche • 30 g de beurre • 40 à 60 cl de lait • 1 gousse de vanille • Sel • Poivre

1. Pelez le céleri-rave à l'aide d'un couteau bien tranchant, puis découpez-le en gros cubes. Pelez et coupez les pommes de terre en cubes de la même taille que le céleri. Détaillez le céleri branche.

2. Plongez tous les légumes dans une casserole avec 40 cl de lait, la gousse de vanille fendue, du sel et du poivre. Portez à ébullition et laissez cuire à couvert environ 20 min. Complétez avec un peu de lait si le liquide s'évapore trop vite. Vérifiez la cuisson : les légumes doivent être tendres sous la pointe d'un couteau.

3. Retirez la gousse de vanille, ajoutez le beurre et passez l'ensemble au presse-purée ou au moulin à légumes afin d'obtenir une purée bien lisse.

4. Servez bien chaud en entrée accompagné d'une salade verte ou en garniture d'une viande blanche.

Le bon accord : un côte-roannaise rouge (vallée de la Loire).

LE CÈPE

À l'automne, il devient le trésor des sous-bois. Difficile à dénicher, le cèpe est dégusté depuis l'Antiquité et ne pousse que dans certains « coins » convoités et secrets.

Fiche d'identité C'est entre août et novembre que le « seigneur de la forêt » prend racine. Ce champignon sauvage de l'hémisphère nord appartient à la famille des basidiomycètes de la famille des *Boletaceae*. Côté cuisine, il est si parfumé qu'il suffit de le poêler avec un peu de beurre, du persil et de l'ail pour l'apprécier. Mais le cèpe s'accompagne aussi très bien de pommes de terre. Ses arômes se marient parfaitement à une omelette, des pâtes, un risotto ou une quiche.

Bien le choisir Choisissez-le avec un pied et un chapeau bien fermes. Son chapeau doit être lisse et d'un brun profond. Frais, il n'a que très peu de mousse sous le chapeau. Préférez les cèpes de petite taille, ils sont jeunes et bien plus goûteux et parfumés. Ils se conservent dans un endroit frais et sec et doivent être consommés dans les 48 heures, car les champignons sauvages sont fragiles. *À partir de 30 €/kg.*

Côté nutrition Peu calorique (31 kcal au 100 g), le cèpe est en revanche très riche en fibres. Champion des protéines, il contient aussi de la vitamine B et du phosphore. Veillez à ne pas le faire revenir dans trop de beurre ou d'huile, car il a tendance à bien absorber les corps gras.

CÈPES *farcis*

POUR 4 PERSONNES

PRÉPARATION : 20 MIN • CUISSON : 45 MIN
FACILE • ABORDABLE

• 5 tranches de lard fumé (facultatif) • 8 belles têtes de cèpes avec leurs pieds • 150 g de champignons de Paris • 3 cébettes • 2 gousses d'ail • 2 brins de persil • 3 brins de thym • 2 cuil. à soupe de chapelure • 3 cuil. à soupe de crème fraîche • 1 cuil. à soupe d'huile d'olive • 50 g de beurre • 30 g de comté râpé • Sel • Poivre

1. Nettoyez soigneusement les champignons. Brossez-les et frottez-les après avoir tourné leurs pieds et avoir enlevé la terre accrochée. Essuyez-les avec une éponge humide. Détachez délicatement le pied de la tête. Pelez les gousses d'ail et écrasez-les avec le plat d'un couteau. Dans une sauteuse, faites revenir les gousses d'ail écrasées dans l'huile chaude. Ajoutez les têtes de cèpes. Salez, poivrez. Retournez les têtes après coloration. Finissez de cuire, retirez et épongez. Disposez les têtes des champignons à l'envers dans un plat à gratin.

2. Coupez les pieds des champignons en brunoise. Hachez les cébettes. Hachez le persil. Découpez le lard en petits cubes ou hachez-le.

3. Préchauffez le four à 180 °C. Faites chauffer 30 g de beurre dans la même sauteuse sans la rincer. Ajoutez les cébettes et laissez cuire 2 min, incorporez ensuite le lard, puis 1 min après les pieds des cèpes et le persil. Salez légèrement, poivrez. Et ajoutez la crème fraîche et le thym. Laissez cuire une dizaine de minutes.

4. À l'aide d'une cuillère, déposez un peu de farce dans chaque tête de champignon. Mélangez la chapelure avec le fromage. Saupoudrez chaque champignon avec ce mélange et un peu de thym émietté, ajoutez une noisette de beurre et enfournez pour environ 15 min de cuisson.

5. Dégustez bien chaud avec une salade frisée aux noix.

Conseil N'immergez surtout pas les champignons sous l'eau au risque de les gorger d'eau.

**Le bon accord :
un hermitage rouge
(Rhône).**

SALADE DE CÈPES
et artichauts poivrade

POUR 4 PERSONNES

PRÉPARATION : 20 MIN • PAS DE CUISSON
FACILE • ABORDABLE

• 10 cèpes de type bouchons • 4 artichauts poivrade • 300 g de champignons de Paris • 2 petites pommes rouges genre boskoop • 50 g de cerneaux de noix • 75 g de bleu de Bresse • 1 gousse d'ail • 1 citron • 5 cuil. à soupe d'huile d'olive • 2 cuil. à soupe de vinaigre balsamique • 1 branche de cerfeuil • Sel • Poivre

1. Nettoyez les cèpes en les grattant avec la lame d'un couteau et en épluchant leurs pieds s'ils sont très terreux. Coupez-les en deux et émincez chaque moitié. Faites de même avec les champignons de Paris.
2. Pelez les pommes, coupez-les en quartiers, puis en lamelles fines. Faites dorer les noix à sec dans une poêle pendant 2 min. Tournez les pieds des artichauts, ôtez les premières feuilles, coupez le haut piquant, coupez-les en deux, enlevez le foin, s'il y en a, et émincez-les. Citronnez-les afin d'éviter qu'ils noircissent.
3. Dans un plat creux, disposez délicatement en alternant les lamelles de champignons, d'artichauts et de pommes, citronnez-les encore.
4. Hachez l'ail avec le cerfeuil et mélangez-les au vinaigre et à l'huile. Salez, poivrez. Émiettez le fromage sur la salade, ajoutez les noix et versez la vinaigrette.

Le bon accord :
un côtes-de-provence blanc.

CÈPES AU VINAIGRE
POUR 3 BOCAUX

• Nettoyez 1 kg de cèpes en les brossant légèrement ou avec un chiffon humide. Recoupez leurs pieds. • Faites frémir 60 cl de vinaigre blanc dans une grande casserole et jetez-y les cèpes. Laissez-les cuire 5 min et égouttez-les. • Répartissez-les dans des bocaux bien propres et ajoutez dans chaque quelques grains de poivre et de coriandre, des feuilles de laurier, des brins de thym, 1 gousse d'ail coupée en pétales. • Recouvrez-les complètement avec de l'huile d'olive et fermez les bocaux. • Conservez-les au frais et à l'abri de la lumière.

LES CERISES

Leur saison est courte et leur saveur intense.
Sucrées ou acidulées en fonction des variétés, elles se savourent crues ou cuites, de l'entrée au dessert.

Fiche d'identité 80 % des cerises cultivées en France appartiennent à la famille des bigarreaux. De la burlat, première au calendrier, à la Sweetheart, qui clôt la saison, elles sont reines dans un clafoutis, en fusion avec le chocolat, en sauce ou poêlées pour accompagner les viandes. Les variétés acides, comme les griottes, sont quant à elles parfaites pour les confitures.

Bien les choisir Un pédoncule bien attaché, vert tonique, est un gage de fraîcheur. Le fruit affiche un beau rouge brillant, sans meurtrissure. Mieux vaut sélectionner les cerises bien mûres, car une fois cueillies, elles n'évoluent plus beaucoup. Et n'hésitez pas à en goûter une avant d'acheter ! *À partir de 8 € le kg.*

Côté nutrition Elles restent parmi les fruits les plus sucrés (12 % de glucides), mais compensent par un taux record d'antioxydants (cinq fois plus pour les cerises acidulées que pour les douces). Riches en vitamines C, B9 et provitamine A, elles ont la réputation d'être diurétiques, leurs queues trouvant ici un emploi parfait en décoction.

SOUPE DE CERISES *aux épices*

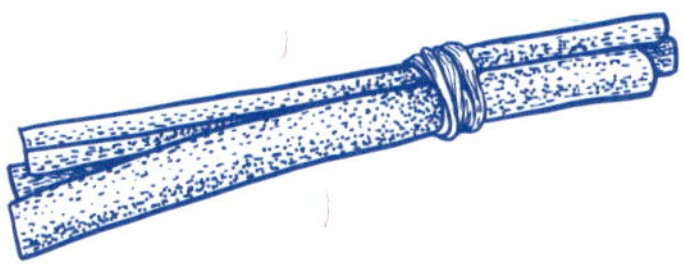

POUR 4 PERSONNES

PRÉPARATION : 20 MIN • CUISSON : 50 MIN • REPOS : 3 H
FACILE • ABORDABLE

• 800 g de cerises • 1 orange bio • 1 noix de gingembre frais • 75 cl de vin rouge • 100 g de sucre en poudre • 2 bâtons de cannelle • 3 gousses de cardamome • 1 gousse de vanille • 1 étoile de badiane

1. Versez le vin dans une casserole. Fendez la gousse de vanille en deux et grattez pour récupérer les graines. Récupérez 2 ou 3 bandes de peau de l'orange et exprimez son jus. Pelez le gingembre et hachez-le grossièrement. Ajoutez le tout dans la casserole, ainsi que la badiane, la cardamome, le sucre et la cannelle. Portez à ébullition et laissez cuire 30 min.

2. Équeutez les cerises et dénoyautez-les si vous le souhaitez.

3. Passez le contenu de la casserole au-dessus d'un tamis et remettez-le à chauffer. Ajoutez les cerises et continuez la cuisson 20 min à feu doux.

4. Laissez complètement refroidir et réservez au réfrigérateur au moins 3 h avant de servir dans des petits bols.

Le bon accord : une eau-de-vie de cerise.

MAGRETS DE CANARD AUX CERISES

POUR 4 PERSONNES

• À l'aide d'un couteau, formez des croisillons sur le côté gras de 2 magrets de canard. Saisissez-les côté peau 10 min dans une poêle très chaude, assaisonnez-les, retournez-les, et continuez la cuisson à couvert pendant 5 min. Réservez au chaud. • Videz la graisse et, sans laver la poêle, ajoutez 400 g de cerises dénoyautées, poudrez de 2 cuil. à soupe de sucre, ajoutez 1 cuil. à café de mélange 4 épices, 5 cl d'eau et grattez le fond à la spatule pour récupérer les sucs. • Coupez les magrets en tranches fines et répartissez-les dans 4 assiettes. • Entourez des cerises et dégustez.

CLAFOUTIS
aux cerises et aux poires

POUR 4 PERSONNES

PRÉPARATION : 20 MIN • CUISSON : 40 À 50 MIN
FACILE • ABORDABLE

• 500 g de cerises • 2 poires • 3 œufs • 40 cl de crème liquide • 20 cl de lait • 25 g de beurre • 125 g de poudre d'amande • 110 g de sucre en poudre • 50 g de farine tamisée • 1 gousse de vanille • 2 cuil. à soupe de sucre complet • 1 cuil. à café d'extrait naturel de vanille

1. Préchauffez le four à 180 °C. Dans un saladier, battez les œufs entiers avec le sucre en poudre au fouet électrique, jusqu'à ce que le mélange blanchisse.
2. Ouvrez la gousse de vanille en deux et grattez l'intérieur pour récupérer les graines. Mettez-les dans le saladier avec l'extrait de vanille, la crème liquide, le lait, la poudre d'amande et la farine tamisée sans cesser de mélanger au fouet.
3. Pelez les poires et coupez-les en cubes de la taille des cerises. Beurrez un plat à gratin. Disposez les fruits à l'intérieur en les panachant. Versez la préparation dessus.
4. Enfournez pour 40 à 50 min, jusqu'à ce que le clafoutis soit bien doré.
5. Laissez-le tiédir ou complètement refroidir. Au moment de servir, saupoudrez le clafoutis du sucre roux et passez 2 min sous le gril du four.

Le bon accord : un cabernet-d'anjou (vallée de la Loire).

LE COCHON DE LAIT

Sa dégustation reste tout à fait confidentielle puisqu'il représente moins de 1 % de la consommation annuelle de porc, estimée à 36 kg par habitant en France.

Fiche d'identité Son élevage est essentiellement situé dans le Grand Ouest. Le cochon de lait est le plus souvent associé à un repas de fête. Pied de nez aux traditions, il vient volontiers remplacer la dinde de Noël ou l'agneau pascal. Il doit sa chair particulièrement blanche et tendre au fait d'avoir été nourri exclusivement au lait de sa mère. Ce jeune porcelet de 6 à 15 kg est ensuite abattu à environ 5 semaines. Il peut être rôti au four, de préférence avec une farce qui préservera son moelleux, ou cuit à la broche. Il se cuisine la plupart du temps entier (sa petite taille lui permet d'être rôti dans un four standard), avec une présentation à table qui fait toujours son petit effet et une finesse de saveurs qui réjouit les palais les plus exigeants.

Bien le choisir Sa présence reste plutôt rare sur les étals et il vous faudra souvent passer commande auprès de votre boucher. Il vous sera alors vendu prêt à cuire, c'est-à-dire vidé et nettoyé, voire taillé en morceaux. Il se découpera aussi facilement qu'une volaille car ses os restent très fragiles. *À partir de 16 € le kg.*

Côté nutrition Le cochon de lait contient un peu moins de protéines (17,2 g/100 g) que la plupart des morceaux de viande de porc et un peu plus de lipides (7,6 g/100 g), avec une majorité d'acides gras insaturés. Il est source de fer et de vitamines du groupe B.

RÔTI DE COCHON DE LAIT

à la moutarde, julienne de légumes

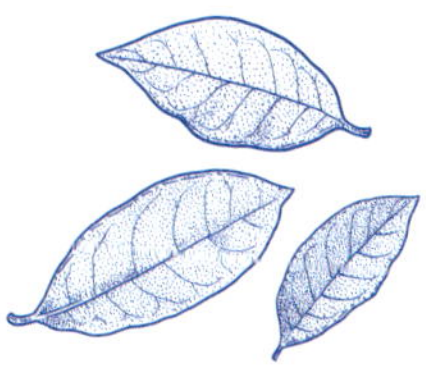

POUR 6 PERSONNES

PRÉPARATION : 30 MIN • CUISSON : 1 H 10
FACILE • ABORDABLE

• 1 rôti de cochon de lait de 1 kg • 18 pommes de terre grenaille • 3 beaux navets • 3 carottes • 2 poireaux • 1 petit bouquet de thym • 1 feuille de laurier • 40 cl de crème liquide entière • 10 g de beurre • 25 cl de vin blanc sec • 3 cuil. à soupe de moutarde en grains • 2 cuil. à soupe d'huile de pépins de raisin • Sel • Poivre

1. Assaisonnez le rôti de cochon de sel et de poivre et faites-le colorer dans une cocotte avec le beurre et l'huile afin qu'il soit doré de tous côtés.
2. Ajoutez le laurier, le thym, la moutarde et mouillez avec le vin blanc. Couvrez et laissez mijoter à feu doux 45 min en retournant la viande à mi-cuisson.
3. Pelez les carottes et les navets, émincez-les à la mandoline, puis retaillez-les en julienne. Nettoyez les poireaux et coupez-les en tronçons, puis recoupez-les en deux pour obtenir des morceaux plats avant de les tailler également en julienne.
4. Ajoutez tous les légumes et la crème dans la cocotte, mélangez bien et assaisonnez de nouveau. Faites cuire à feu moyen et à couvert pendant 20 min, en retournant la viande de temps en temps et en mélangeant bien les légumes.
5. Brossez les pommes de terre sous un filet d'eau et faites-les cuire entières sans les peler à la vapeur 15 à 20 min, jusqu'à ce qu'elles soient fondantes. Ajoutez-les dans la cocotte.
6. Servez le rôti avec sa julienne de légumes et ses petites pommes de terre.

Le bon accord :
un crozes-hermitage rouge
(vallée du Rhône).

POITRINE DE COCHON CARAMÉLISÉE

purée de pommes de terre

POUR 6 PERSONNES

PRÉPARATION : 30 MIN • CUISSON : 4 H • REPOS : 12 H
FACILE • BON MARCHÉ

• 2 kg de poitrine de cochon de lait désossée • 1 kg de pommes de terre • 1 carotte • 1 oignon • 1 tête d'ail • 1 bouquet garni • 25 cl de lait • 130 g de beurre demi-sel • 1 poignée de gros sel • Sel fin • Poivre

1. Commencez la recette la veille : pelez la carotte, l'ail et l'oignon. Placez la viande et le gros sel dans une grande sauteuse, couvrez avec de l'eau, ajoutez les aromates pelés et le bouquet garni. Laissez cuire 3 h à petits frémissements en écumant de temps en temps et en ajoutant de l'eau si elle s'évapore trop. Égouttez la viande, laissez-la refroidir et conservez-la au frais jusqu'au lendemain.

2. Faites cuire les pommes de terre entières à l'eau bouillante salée (démarrage à l'eau froide) pendant environ 20 min, jusqu'à ce qu'elles soient fondantes.

3. Pelez-les alors qu'elles sont encore chaudes, passez-les au presse-purée, ajoutez le lait tiédi en mince filet en fouettant, puis 100 g de beurre coupé en morceaux. Salez, poivrez, tenez au chaud.

4. Préchauffez le four à 180 °C. Faites fondre le beurre restant dans une sauteuse et faites-y dorer la poitrine de tous côtés pendant environ 10 min. Posez la poitrine dans un plat à gratin et enfournez pour 25 min de cuisson. Servez-la bien chaude accompagnée de la purée.

**Le bon accord :
un crozes-hermitage rouge
(vallée du Rhône).**

LE COCO DE PAIMPOL

Il est le premier haricot à recevoir une appellation d'origine contrôlée en 1997, puis une appellation d'origine protégée en 1999. Autant dire que son grain blanc nacré est un trésor à cuisiner !

Fiche d'identité D'Argentine en Bretagne… Un marin a eu la bonne idée de rapporter ce haricot blanc demi-sec dans ses bagages en 1928. Sa saveur discrètement raffinée de noisette et sa texture fondante participent à son succès. D'autant qu'il ne nécessite pas de trempage avant une cuisson à l'eau d'une quarantaine de minutes. Il se prête à toutes sortes de préparations, en purée, en velouté, froid en salade, sans parler des plats du terroir, comme le cassoulet ou les haricots à la bretonne.

Bien le choisir Les cocos sont cueillis exclusivement à la main dès le mois de juillet et se trouvent sur les marchés jusqu'en novembre. Les gousses doivent être fermes et bien remplies. Leur maturité se repère à leur couleur jaune paille marbrée de violet. Une fois cueillis, il faut vite les écosser, car les grains se conservent mal dans leur gousse. *À partir de 4 € le kg.*

Côté nutrition Particulièrement riche en fibres, sa peau très fine le rend tout à fait digeste, contrairement à d'autres haricots. Véritable cocktail de nutriments (fer, calcium, magnésium, phosphore, vitamines B1, B5 et B9), le coco présente en plus l'avantage d'être bien pourvu en protéines (12 g pour 100 g).

PURÉE CRÉMEUSE DE COCOS À L'AIL ET AU SAFRAN

sot-l'y-laisse de dinde

POUR 4 PERSONNES

PRÉPARATION : 20 MIN • CUISSON : 30 MIN
FACILE • BON MARCHÉ

• 500 g de sot-l'y-laisse de dinde • 1 kg de cocos de Paimpol • 1 oignon • 2 gousses d'ail • 1 feuille de laurier • 25 g de parmesan fraîchement râpé • 2 cuil. à soupe de lait • 2 cuil. à soupe d'huile d'olive • 1 cuil. à soupe d'origan séché • 1 cuil. à café de grains de poivre • 1 pincée de safran • Sel • Poivre

1. Écossez les cocos et plongez-les dans une marmite d'eau froide avec l'oignon pelé et coupé en deux, le poivre en grains et le laurier. Portez à ébullition, puis laissez cuire sur feu doux pendant 30 min. Salez 10 min avant la fin de cuisson.
2. Pendant ce temps, faites chauffer le lait avec le safran et laissez infuser.
3. Égouttez les cocos et retirez la garniture aromatique. Mixez-les avec le parmesan, le lait infusé et l'ail pelé et écrasé au presse-ail. Rectifiez l'assaisonnement. Placez la purée dans une casserole pour la maintenir au chaud.
4. Dans une sauteuse avec l'huile, faites dorer les sot-l'y-laisse en les remuant souvent. Assaisonnez et parfumez d'origan. Faites-les bien griller de tous côtés.
5. Servez la purée de cocos à l'ail et au safran surmontée de sot-l'y-laisse de dinde. Décorez d'herbes fraîches si vous le souhaitez.

Le bon accord : un luberon blanc (vallée du Rhône).

COCOS DE PAIMPOL
compotée de tomates aux herbes

POUR 4 PERSONNES

PRÉPARATION : 30 MIN • CUISSON : 45 MIN
FACILE • BON MARCHÉ

• 3 tranches un peu épaisses de lard fumé • 1,2 kg de cocos de Paimpol frais (800 g environ écossés) • 3 grosses tomates • 200 g de tomates cerises • 2 cébettes • 1 oignon jaune • 1 gousse d'ail • 3 brins de persil plat • 2 brins d'estragon • 2 brins de basilic • 1 brin de thym • 1 brin de romarin • 15 cl de bouillon de légumes • 15 cl de vin blanc sec • 3 cuil. à soupe d'huile d'olive • Gros sel • Poivre

1. Écossez les cocos. Taillez le lard en allumettes. Pelez et hachez l'oignon, faites-le blondir avec le lard et 1 cuillerée à soupe d'huile d'olive dans une sauteuse à bords hauts pendant 2 à 3 min.
2. Ajoutez les cocos dans la sauteuse ainsi que la gousse d'ail écrasée. Versez le bouillon de légumes et le vin blanc. Ajoutez le thym et le romarin. Poivrez. Couvrez la sauteuse et faites mijoter à feu doux environ 40 min, en rajoutant du bouillon ou de l'eau au fur et à mesure que les cocos absorbent le liquide.
3. Pelez et épépinez les grosses tomates, coupez-les en petits morceaux et mettez-les dans une passoire avec un peu de gros sel afin qu'elles rendent un peu de leur eau. Émincez les cébettes. Effeuillez le persil. Mettez les cébettes (réservez un peu de leur vert), le persil, l'estragon et les tomates égouttées dans le bol d'un petit mixeur. Hachez de façon grossière. Poivrez et réservez.
4. Coupez les tomates cerises en deux, saisissez-les dans une poêle bien chaude avec le reste d'huile.
5. Déposez dans des assiettes de service un peu de sauce tomate froide et recouvrez avec les cocos. Décorez du basilic, du vert des cébettes ciselé et des tomates cerises. Dégustez aussitôt.

Le bon accord : un fronton rosé (Sud-Ouest).

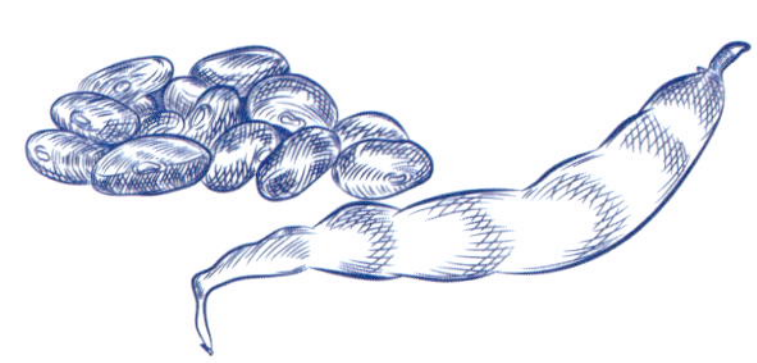

LE COLLIER D'AGNEAU

Ce morceau savoureux correspond au cou de l'animal.
Charnu, il donne du goût et de l'onctuosité à bon nombre de préparations…

Fiche d'identité Il est la partie par excellence des ragoûts, des blanquettes, des daubes, des soupes et des plats mijotés, du navarin au tajine marocain ou au couscous. Il se fait surtout pocher, braiser et sauter. Très osseux, il nécessite une cuisson longue, 2 h à 3 h à petit feu, pour retrouver tout son moelleux, avec l'avantage que ses cartilages fondent pour se transformer en jus aromatique. Il accompagne à merveille les légumes secs ou les pommes de terre et se mêle aussi harmonieusement avec d'autres morceaux d'agneau.

Bien le choisir Le collier pèse en moyenne 1 kg. Il doit présenter un aspect brillant et un grain lisse, d'un joli rose. Il faut compter 170 g à 200 g par personne. Il ne se conserve pas plus de deux jours au réfrigérateur. *À partir de 10 €/kg.*

Côté nutrition Plus gras que l'épaule, mais moins que la poitrine, le collier est avant tout riche en protéines. Il est également bien pourvu en fer, en phosphore et en zinc. Une portion de 120 g couvre 100 % des apports journaliers recommandés en vitamine B12.

RAGOÛT D'AGNEAU

POUR 6 PERSONNES

PRÉPARATION : 20 MIN • CUISSON : 1 H 45
FACILE • BON MARCHÉ

• 1,5 kg de collier d'agneau coupé en morceaux • 4 pommes de terre • 4 carottes • 4 oignons jaunes • 50 cl de bouillon de bœuf • 50 g de beurre • 2 cuil. à soupe de farine • 3 cuil. à soupe d'huile neutre • 5 brins de ciboulette • Sel • Poivre

1. Faites dorer les morceaux d'agneau dans une cocotte avec l'huile chaude sur toutes leurs faces pendant 5 min. Égouttez-les.
2. Pelez et émincez les oignons. Pelez et coupez les carottes en rondelles. Pelez et coupez les pommes de terre en gros cubes.
3. Dans la même cocotte et sans la laver, faites cuire les oignons et les carottes dans le beurre. Au bout de 10 min, ajoutez la viande, salez, poivrez et versez la farine. Mélangez bien, puis ajoutez le bouillon de bœuf. Laissez cuire 1 h 30 à couvert.
4. Vingt minutes avant la fin de la cuisson, ajoutez les pommes de terre. Saupoudrez avec la ciboulette ciselée juste avant de servir.

Le bon accord : une bière rousse.

TAGINE D'AGNEAU
POUR 6 PERSONNES

• Faites dorer 1 kg de collier d'agneau dans une sauteuse avec 2 cuil. à soupe d'huile. • Réservez. Dans la même sauteuse, faites blondir 2 oignons émincés, 2 gousses d'ail écrasées et 1 noix de gingembre pelée et hachée pendant 5 min. • Remettez la viande dans la cocotte. Faites chauffer 15 cl de bouillon de veau, ajoutez 5 cl de miel, 1 cuil. à soupe de cumin, 1 cuil. à soupe de cannelle, 1 pincée de piment en poudre. Salez et poivrez. • Laissez cuire à petit feu pendant 1 h. Au besoin, rajoutez du liquide. • Servez accompagné de couscous.

SAUTÉ D'AGNEAU
aux petits navets

POUR 6 PERSONNES

PRÉPARATION : 20 MIN • CUISSON : 1 H 45
FACILE • BON MARCHÉ

• 1,5 kg de collier d'agneau coupé en morceaux • 2 bottes de navets • 1 boîte de 250 g de tomates en dés • 10 brins de menthe • 10 brins de persil • 2 gousses d'ail • 1 orange bio • 1 citron bio • 5 cl d'huile d'olive • 10 cl de vin blanc • Sel • Poivre

1. Préparez la gremolata. Lavez les herbes et ciselez-les finement. Pelez et hachez l'ail. Récupérez les zestes des agrumes à l'aide d'un couteau économe et hachez-les au couteau. Mélangez le tout dans un bol avec la moitié de l'huile. Réservez.
2. Versez l'huile restante dans le fond d'une cocotte et faites dorer les morceaux de viande sur chaque face pendant 5 min. Versez le vin blanc, laissez-le un peu s'évaporer avant d'ajouter les tomates et un verre d'eau. Assaisonnez et laissez cuire à feu doux 1 h 30.
3. Pendant ce temps, pelez les navets, conservez un peu de fanes et faites-les cuire à l'eau bouillante 10 min. Égouttez-les et mettez dans la sauteuse avec la moitié de la gremolata 15 min avant la fin de la cuisson. Rectifiez l'assaisonnement et servez bien chaud. Accompagnez du reste de gremolata.

Conseil Pour épaissir un peu la sauce, saupoudrez 2 cuillerées à soupe de farine sur la viande au début de la cuisson avant de verser le vin blanc.

Le bon accord :
un corbières (Languedoc).

LA CÔTE DE BŒUF

Prélevé au milieu de train de côtes de l'animal, entre la 5e et la 11e cote, le morceau est taillé bien épais, entre 4 et 8 cm. Son volume fera sa saveur. Certes, ce n'est pas la partie la plus maigre du bœuf, mais la graisse contribue à l'onctuosité de la viande.

Bien la choisir Elle doit être d'un beau rouge uniforme, marbrée de gras en gage de qualité. La viande apparaît sous son plus beau jour, bien brillante, mais pas saignante. On préférera acheter une côte de bœuf provenant d'une race charolaise, limousine, blonde d'Aquitaine…

Côté nutrition Son taux record en fer (3 mg /100 g) bien assimilé par le corps en fait une bonne option pour les personnes anémiques. La côte de bœuf pourvoit aussi en protéines de bonne qualité, en zinc et en vitamines B12, B3 et B9. B comme bœuf, mais également comme bémol, car elle reste riche en acides gras saturés qui élèvent le taux de cholestérol.

Nos bons accords À viande rouge, vin rouge… Et pour accompagner cette pièce de choix, on privilégie un cru sec et léger, comme un gamay noir, un vin des Pays de Loire, possédant une note rafraîchissante qui relèvera le goût de la viande. Un saint-nicolas-de-bourgueil, ou un coteaux-champenois, aux notes fruitées de framboise et de cerise, sublimeront aussi la côte de bœuf. Et pour sortir des sentiers balisés du rouge, on pourra se diriger vers un rosé de Bandol, aux arômes de fruits exotiques et à l'onctuosité enveloppant le mets de douceur.

CÔTE DE BŒUF
sauce chimichurri

POUR 2 PERSONNES

PRÉPARATION : 10 MIN • PAS DE CUISSON
FACILE • ABORDABLE

• Les restes froids d'une côte de bœuf • 1 poignée de coriandre • 1 poignée de persil plat • Quelques brins de marjolaine • 1 long piment vert • 1 gousse d'ail • Huile d'olive • 2 cuil. à soupe de vinaigre de xérès • Sel • Poivre 5 baies

1. Coupez l'extrémité des tiges de coriandre et mettez tout le reste avec le persil et la marjolaine effeuillés dans le bol d'un robot.
2. Ajoutez l'ail pelé et écrasé, 6 cl d'huile d'olive, le vinaigre, le piment épépiné et coupé en petits morceaux.
3. Mixez le tout et assaisonnez, ajustez la quantité d'huile au besoin. Servez le bœuf froid tranché, avec la sauce chimichurri. Proposez des pommes de terre rôties en accompagnement.

Le bon accord : un bandol rosé (Provence).

CÔTE DE BŒUF AU BARBECUE
POUR 4 PERSONNES

• Optez pour une côte de bœuf de 1,2 kg bien persillée. • Pensez à la sortir du réfrigérateur 3 h avant de la cuire. Allumez votre barbecue et réalisez de belles braises. • Saisissez la viande 2 à 4 min sur chaque face afin de bien la cautériser et qu'il se forme à la surface une vraie croûte. • Fermez ensuite le barbecue pendant quelques minutes, ou placez une cloche sur la viande. • Avant de la trancher, laissez reposer la côte sur une planche à découper pendant 10 min.

CÔTE DE BŒUF
façon barbecue coréen

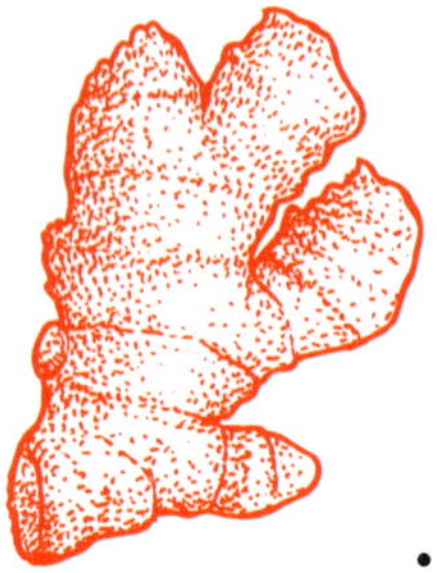

POUR 4 PERSONNES

PRÉPARATION : 10 MIN • CUISSON : 20 MIN
FACILE • ABORDABLE

• 1 côte de bœuf de 1,2 kg • 4 gousses d'ail
• 6 cm de racine de gingembre • 6 cl de sauce d'huître
• 3 cl de vinaigre de riz • 2 cuil. à café rases de flocons de piment
• 1 cuil. à soupe de sucre complet

1. Pelez et râpez le gingembre et l'ail à la râpe microplane. Mélangez-les dans un bol avec tous les autres ingrédients de la marinade.
2. Faites chauffer un barbecue ou une grande poêle (avec un peu de matière grasse) et saisissez la côte de bœuf pendant plusieurs minutes afin de la faire croûter. Retournez-la et badigeonnez la face grillée de marinade, pendant que l'autre face colore.
3. Retournez la côte de bœuf et badigeonnez l'autre face. Terminez la cuisson ainsi (ou au four dans le cas du démarrage à la poêle) en badigeonnant fréquemment les faces de marinade.
4. Placez la côte de bœuf sur une planche à découper en la couvrant pendant 10 min avant de la trancher et de la servir avec une rémoulade de céleri et un bol de riz gluant, par exemple.

Le bon accord :
un saint-nicolas-de-bourgueil
(vallée de la Loire).

OPINEL
INOX

L'ENDIVE

Les crudités d'hiver sont rares… Heureusement, il y a une alternative à la mâche. Les endives croquantes arrivent et, bonheur supplémentaire, elles savent aussi fondre, gratiner ou caraméliser.

Fiche d'identité Avant de devenir la Perle du Nord, c'est en Belgique flamande que ce légume a été cultivé, et seulement à partir de la seconde moitié du XIXe siècle. Les witloof (feuilles blanches, en flamand) ou chicons descendent d'une variété de chicorée sauvage. Elles sont forcées (retaillées et transplantées) dans l'obscurité, pour conserver leur robe claire et nacrée. Au fil des nombreux croisements, le choix s'élargit avec, sur les étals, des endives colorées, comme les Carmine au goût de noisette, les Carla, les endives de Trévise. Ces jolies représentantes de la famille sont des hybrides de variétés de chicorées (witloof, chiogga, endive rouge, radicchio, vérone). Leurs points communs ? Elles sont peu amères et se dégustent crues, car leur goût s'altère à la cuisson et leur couleur vire à un grisâtre violacé peu appétissant.

Bien les choisir On opte pour des endives bio, cultivées en pleine terre (ou en pot). Le feuillage doit être serré et brillant. La photosynthèse fait virer le jaune pâle de la corolle à un vert soutenu. Il est donc facile de repérer celles qui ont quitté la cave depuis longtemps. Les rouges doivent être bien bombées, avec un feuillage tonique et une couleur franche. *De 2 à 8 € le kg pour les bio et les mini, de 3 à 6 € le kg pour les endives rouges.*

Côté nutrition Ultra light en calories (moins de 25 kcal/100 g), l'endive est une excellente source de vitamines variées (A, C, K, B9) et de fibres. Elle contient aussi de l'inuline, un glucide précieux qui favoriserait l'absorption des minéraux dont elle est pourvue (sélénium, phosphore, potassium, calcium).

Nos bons accords On imagine que la tendre amertume de l'endive pourrait nuire à tout accord. C'est une idée reçue. Évidemment, il faut éviter les rouges et servir un blanc un peu charnu et souple en milieu de bouche, comme tout ce qui vient du Maconnais, mais aussi des graves et quelques pinots blancs d'Alsace. Lorsque l'endive n'est pas amère, on peut se risquer sur un rosé un peu soutenu, comme un marsannay ou un tavel.

CRÈME D'ENDIVE
au chèvre

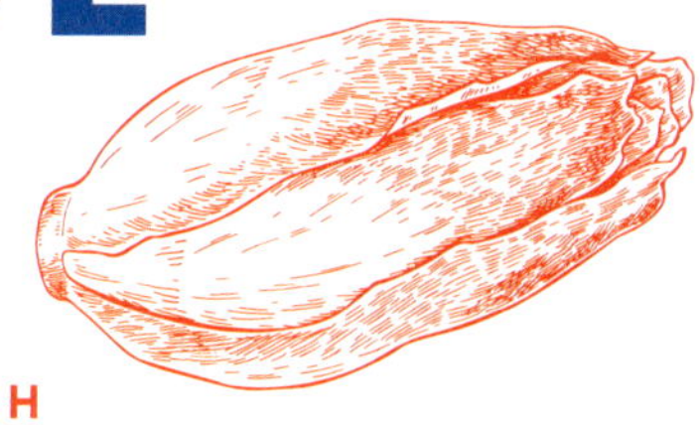

POUR 4 PERSONNES

PRÉPARATION : 20 MIN • CUISSON : 35 MIN • REPOS : 2 H
TRÈS FACILE • BON MARCHÉ

• 500 g d'endives blanches • 2 pommes • 4 échalotes • 3 brins de persil • 2 crottins de Chavignol secs • 20 cl de crème fleurette • 50 cl de bouillon de légumes • 20 cl de cidre brut • 3 cl d'huile d'olive • 1 cuil. à soupe rase de sucre • Fleur de sel • Sel et poivre

1. Chauffez le bouillon avec le cidre à frémissement. Coupez les pommes et les endives en morceaux. Faites-les mijoter 30 min dans le bouillon, puis mixez-les avec la crème et 1 crottin râpé. Salez et poivrez. Placez au frais pour 2 h.

2. Pendant ce temps, piquez les échalotes pelées, entières, avec une aiguille. Déposez-les dans une poêle. Couvrez d'eau, salez et laissez cuire 30 min à couvert. Ajoutez le sucre et faites caraméliser sur feu vif 5 min en surveillant. Réservez.

3. Répartissez la crème d'endive dans les bols de service. Ajoutez une échalote tiède et le second crottin râpé. Saupoudrez d'une pincée de fleur de sel et du persil ciselé. Arrosez d'un filet d'huile d'olive.

Le bon accord :
un mâcon-cruzille blanc (Bourgogne).

LES ÉPINARDS

*Ils doivent une bonne partie de leur popularité à Popeye,
et aussi à Catherine de Médicis, qui leur vouait un véritable culte culinaire.
Faciles à cuisiner, ils s'apprécient cuits ou crus.*

Fiche d'identité Cette plante potagère est présente sur les étals toute l'année grâce à ses différentes variétés. Ses feuilles viennent volontiers accompagner le veau, la volaille, le saumon ou le cabillaud. Délicieux dans une tarte, les épinards se fondent dans les plats, comme ceux à la florentine. En salade, mieux vaut choisir les jeunes pousses, notamment les primeurs, au goût plus sucré et plus doux.

Bien les choisir Des feuilles et une tige fermes, légèrement humides, reflètent leur fraîcheur. Leur vert foncé doit être exempt de jaunissement ou de tache. Aussitôt achetés, aussitôt préparés, car les épinards ne se conservent que quelques jours au réfrigérateur. *À partir de 4 € le kg.*

Côté nutrition Légers sur la balance (28 kcal pour 100 g), mais poids lourd des superaliments, avec une concentration exceptionnelle en antioxydants, dont la lutéine et la zéaxanthine, précieux pour la santé oculaire. Leur richesse en fibres, en minéraux (fer, magnésium, manganèse, calcium, cuivre) et en vitamines (C, E, B9, provitamine A) varie en fonction de leur mode de cuisson, avec une préférence pour la vapeur.

SALADE DE POUSSES D'ÉPINARDS
aux foies de volaille

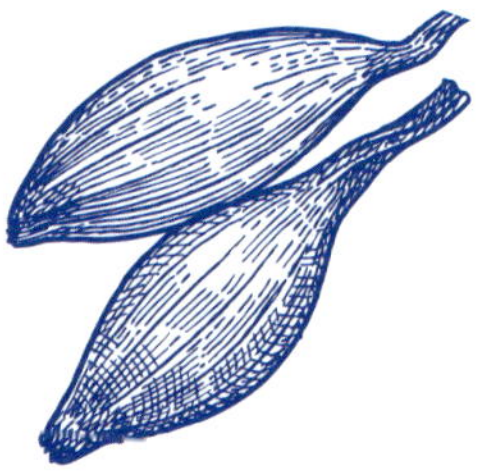

POUR 4 PERSONNES

PRÉPARATION : 20 MIN • CUISSON : 10 MIN
ASSEZ FACILE • BON MARCHÉ

• 400 g de foies de volaille • 300 g de jeunes pousses d'épinards • 1 belle tomate • 2 échalotes • 2 brins de persil plat • 20 g de beurre • 50 g de pignons de pin • 6 cuil. à soupe de vinaigre de xérès • 4 cuil. à soupe d'huile d'olive • 1 cuil. à café de cumin moulu • Sel • Poivre

1. Faites dorer les pignons de pin dans une poêle à sec pendant 2 min en remuant. Lavez les épinards et essorez-les. Pelez et épépinez la tomate, puis coupez-la en cubes. Lavez et ciselez le persil.
2. Déveinez les foies de volaille et recoupez-les en deux s'ils sont trop gros. Pelez et hachez les échalotes et faites-les blondir dans une poêle avec le beurre pendant 3 min. Ajoutez les foies de volaille, augmentez un peu le feu et faites sauter 2 min. Saupoudrez avec le cumin, salez, poivrez et déglacez avec la moitié du vinaigre de xérès.
3. Placez les épinards dans un plat creux. Ajoutez les tomates, les pignons de pin, le persil, arrosez avec l'huile et le vinaigre restant et mélangez. Répartissez le contenu de la poêle dessus et servez aussitôt.

Le bon accord : un beaujolais blanc.

GNOCCHIS À LA RICOTTA ET AUX ÉPINARDS
POUR 4 PERSONNES

• Dans un saladier, mélangez 250 g de ricotta avec 50 g de parmesan râpé et 250 g d'épinards cuits, égouttés et hachés. Ajoutez 1 œuf battu et 150 g de farine pour que la préparation se dessèche un peu. Salez, poivrez et mélangez. • Portez à ébullition une casserole d'eau salée. À l'aide d'une cuillère, faites tomber des petites boules de pâte dans l'eau frémissante. Laissez cuire 2 à 3 min. • Égouttez soigneusement à l'écumoire. Répartissez 20 cl de coulis de tomate dans des assiettes creuses, déposez les gnocchis, quelques brins de romarin. • Rectifiez l'assaisonnement et servez aussitôt.

FRIANDS
aux épinards et au fromage

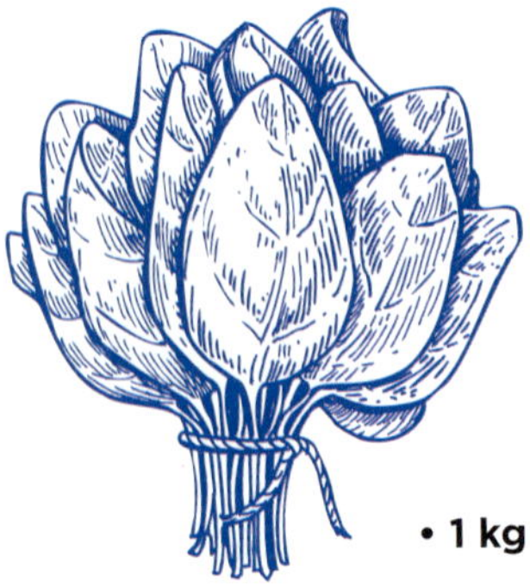

POUR 4 PERSONNES

PRÉPARATION : 25 MIN • CUISSON : 45 MIN
FACILE • BON MARCHÉ

• 1 kg d'épinards • 2 brins de menthe • 1 œuf et 1 jaune • 100 g de feta • 100 g de fromage de chèvre frais (type Petit Billy) • 1 rouleau de pâte brisée • 3 cuil. à soupe de crème épaisse • 3 cuil. à soupe d'huile d'olive • 2 cuil. à soupe de semoule fine • 1 cuil. à soupe d'origan séché • Sel • Poivre

1. Lavez soigneusement les épinards et retirez les côtes. Essorez-les et faites-les suer 3 à 4 min dans une sauteuse avec l'huile. Procédez en deux ou trois fois et mettez-les au fur et à mesure dans une passoire.

2. Préchauffez le four à 180 °C. Lavez, effeuillez et ciselez la menthe. Dans un grand saladier, émiettez la feta avec le fromage frais, ajoutez l'œuf entier, la crème fraîche, l'origan et la menthe. Salez, poivrez et mélangez.

3. Hachez grossièrement les épinards et ajoutez-les dans le saladier.

4. Déroulez la pâte, saupoudrez-la de la semoule et déposez la farce en boudin au centre. Roulez-la sur elle-même en pinçant les extrémités pour les fermer. Posez le rouleau obtenu sur une plaque à four tapissée de papier cuisson. Battez le jaune d'œuf avec 1 cuillerée à soupe d'eau froide. Badigeonnez-en le rouleau avec un pinceau et enfournez pour 35 à 40 min de cuisson.

**Le bon accord :
un sancerre blanc
(vallée de la Loire).**

LA FÈVE

Sa culture ancestrale s'est imposée pendant longtemps en Europe. La fève a régné en tant que seule légumineuse, avant que le haricot ne soit rapporté par Christophe Colomb dans ses bagages.

Fiche d'identité La fève doit également sa notoriété à la fête de l'Épiphanie où, choisie pour sa forme plate et sa taille suffisante pour ne pas être avalée, elle s'est cachée jusqu'au XIXe siècle dans la galette des Rois, avant d'être remplacée par de petits objets encore appelés fèves aujourd'hui. Même si sèche, elle reste un légume d'hiver, elle fait partie des plaisirs du printemps lorsqu'elle est consommée fraîche. Pour retirer la pellicule blanche enveloppant les grains, il suffit de pincer la peau avec les ongles, puis de la presser. En purée, en salade, en jardinière ou en poêlée, elle accompagne un agneau ou une viande de porc, et sublime les saint-jacques ou un poisson. Les petites fèves, encore jeunes, sont délicieuses crues à la croque au sel.

Bien la choisir Fraîche, elle se présente toujours en cosses, charnues et d'un beau vert sans taches. Leur fermeté est une promesse de croquant sous la dent. Et plus elles sont petites, plus elles seront savoureuses. Comptez 1 kg de cosses pour en obtenir environ 400 g avec la peau, 250 à 300 g nues. *À partir de 3,80 € le kg.*

Côté nutrition Comme toutes les légumineuses, la fève associe une teneur intéressante en glucides complexes, en protéines et en fibres (6,5 g pour 100 g). Une belle densité nutritionnelle complétée par un cocktail de minéraux (fer, magnésium, calcium, potassium) et une teneur non négligeable en vitamines B9 et C.

SPAGHETTIS AUX FÈVES *et au lard*

POUR 4 PERSONNES

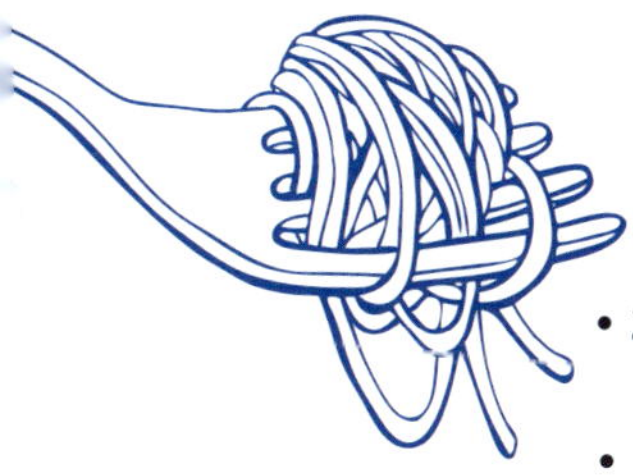

PRÉPARATION : 15 MIN • CUISSON : 25 MIN
FACILE • BON MARCHÉ

• 125 g de lard fumé • 500 g de jeunes fèves écossées • 2 oignons nouveaux • 1 poignée de roquette • 2 brins de persil plat • 75 g de grana padano • 500 g de spaghettis • 75 g d'olives noires dénoyautées • 5 cl d'huile d'olive • Sel • Poivre

1. Pelez et émincez les oignons, faites-les blondir avec 2 cuillerées à soupe d'huile dans une sauteuse pendant 10 min. Taillez le lard en fines lamelles, ajoutez-les dans la sauteuse et continuez la cuisson 5 min. Tenez au chaud.
2. Coupez les olives en rondelles. Ciselez le persil. Prélevez des copeaux dans le fromage à l'aide d'un économe.
3. Faites cuire les spaghettis dans un faitout d'eau bouillante salée 8 à 11 min (selon les marques), égouttez-les en conservant un peu d'eau de cuisson.
4. Mélangez aussitôt les pâtes avec les oignons et le lard dans un grand plat creux. Ajoutez les olives et les fèves crues. Répartissez la roquette, le persil ciselé et les copeaux de fromage. Salez, poivrez, nappez avec le reste d'huile et dégustez.

Le bon accord : un côtes-du-rhône-villages-laudun blanc.

TOFU SAUTÉ AUX FÈVES

POUR 4 PERSONNES

• Coupez en cubes un bloc de 250 g de tofu égoutté, faites-les poêler dans 1 cuil. à soupe d'huile neutre, puis déglacez la poêle avec 2 cuil. à soupe de sauce soja et 2 cuil. à soupe d'huile de sésame. • Ajoutez dans la poêle 400 g de jeunes fèves écossées, 1 cébette et 3 brins de coriandre ciselés. Versez le tout sur un lit de cœur de laitue. • Salez, poivrez et parsemez de graines de sésame doré.

POÊLÉE DE FÈVES
aux noisettes et au gouda vieux

POUR 4 PERSONNES

PRÉPARATION : 20 MIN • CUISSON : 20 MIN
FACILE • BON MARCHÉ

• 1 kg de fèves en cosses • 6 choux de Bruxelles • 2 oignons nouveaux • 1 bouquet de cerfeuil • 200 g de vieux gouda • 100 g de noisettes entières non mondées • 3 cuil. à soupe d'huile d'olive • 1 cuil. à café de baies roses • Sel • Poivre

1. Préchauffez le four à 150 °C. Faites torréfier les noisettes éparpillées sur une plaque au four pendant 15 min. Laissez-les refroidir avant de les concasser grossièrement.

2. Écossez les fèves et plongez-les dans une casserole d'eau bouillante pendant 1 min. Égouttez-les et plongez-les dans un bain d'eau glacée. Retirez la petite peau qui les enveloppe en la pinçant avec les ongles.

3. Coupez le pied des choux de Bruxelles et ôtez les premières feuilles. Effeuillez-les au maximum et plongez les feuilles pendant 1 min dans une casserole d'eau bouillante salée. Égouttez-les et plongez-les dans un saladier d'eau glacée.

4. Effeuillez le cerfeuil et réalisez des copeaux de vieux gouda à l'aide d'un économe.

5. Pelez et émincez les oignons. Faites-les sauter dans une poêle avec l'huile d'olive et les fèves pendant 3 min. Assaisonnez, ajoutez les baies roses écrasées au mortier. Ajoutez les feuilles de chou, faites cuire encore 1 min.

6. Hors du feu, incorporez les noisettes et le cerfeuil, mélangez bien. Parsemez de copeaux de vieux gouda et servez.

Le bon accord : un mâcon blanc (Bourgogne).

LA FIGUE

Cette reine du bassin méditerranéen est le plus ancien fruit cultivé connu. Avec pas moins de 700 variétés dans le monde, elle figure sur les étals jusqu'au mois de novembre.

Fiche d'identité Quatrième producteur européen, la France est particulièrement fière de la figue de Solliès, la seule à bénéficier d'une AOP, depuis 2011. Classée dans la catégorie des figues noires ou violettes, à côté des vertes (ou blanches) et des grises (ou rouges), elle reste la plus courante sur le marché. Ce faux fruit, qui est en fait une inflorescence au sens botanique, se savoure aussi bien cuit que cru, pour enchanter les desserts, être farci dans une version sucrée ou salée et apporter de l'onctuosité aux viandes et aux fromages. Il faudra juste veiller, dans sa préparation, à ne pas l'éplucher ni la laver pour éviter qu'elle ne se gorge d'eau.

Bien la choisir Ni trop mou, ni trop dur, c'est le parfait entre-deux pour ce fruit qui, une fois cueilli, ne mûrit plus. La figue doit rester souple sous les doigts, tout en étant de préférence bien charnue. Fragile, elle se savoure dans les 24 heures après l'achat. *À partir de 4,20 € le kg pour des figues de taille moyenne, 5,80 € pour des grosses.*

Côté nutrition Malgré les idées reçues, elle reste modérément sucrée. Fraîche, la figue pèse en moyenne 45 g et apporte seulement 25 kcal. Mais séchée, elle est beaucoup plus énergétique. Sa richesse en fibres, en antioxydants et en calcium en fait un véritable atout santé.

COMPOTÉE de figues

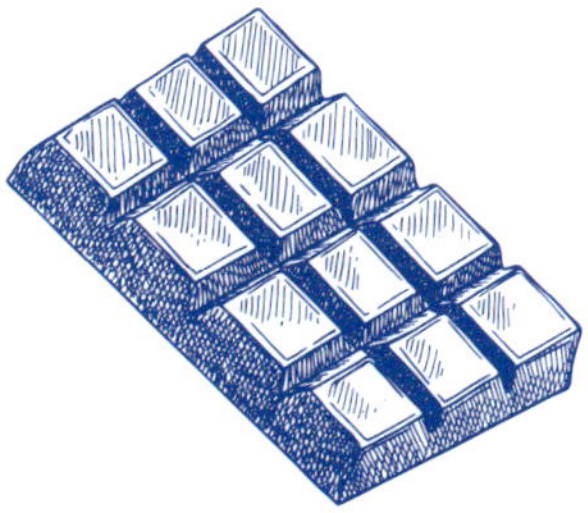

POUR 4 PERSONNES

PRÉPARATION : 20 MIN • CUISSON : 10 MIN
FACILE • BON MARCHÉ

• 12 figues bien mûres • 1 citron bio
• 25 cl de crème liquide entière très froide
• 100 g de chocolat noir à croquer • 30 g de sucre de canne complet
• 15 g de sucre glace • 1 cuil. à soupe d'huile d'olive typée ardente

1. Râpez le chocolat noir et placez-le au frais.
2. Rincez les figues et coupez-les en deux dans la hauteur. Faites-les caraméliser dans une sauteuse avec l'huile d'olive et le sucre complet en remuant souvent pendant environ 10 min. À la fin, râpez le zeste du citron par-dessus et mélangez bien. Laissez tiédir.
3. Montez la crème très froide en chantilly bien ferme au batteur et ajoutez le sucre glace à la fin en battant plus lentement. Incorporez le chocolat en mélangeant délicatement à l'aide d'une spatule et réservez au frais.
4. Servez les figues encore tièdes accompagnées de la chantilly stracciatella bien fraîche.

Conseil Vous pouvez ajouter des brisures de biscuit sablé.

Le bon accord :
un banyuls (Occitanie).

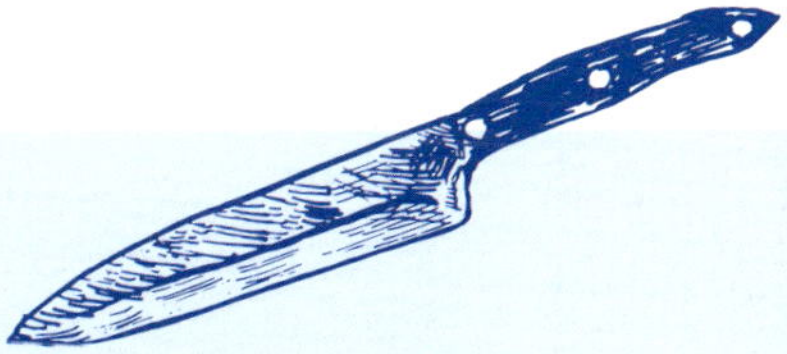

FIGUES À L'ITALIENNE

POUR 4 PERSONNES

• Pelez 4 figues et coupez-les en petits cubes. Mélangez-les avec 200 g de fromage de chèvre frais. Salez et poivrez. • Étalez 4 tranches fines de jambon cru italien sur votre plan de travail, répartissez le mélange sur les tranches, roulez-les comme des cigares. • Servez-les accompagnés de mesclun.

GÂTEAU MOELLEUX
figue, amande, citron

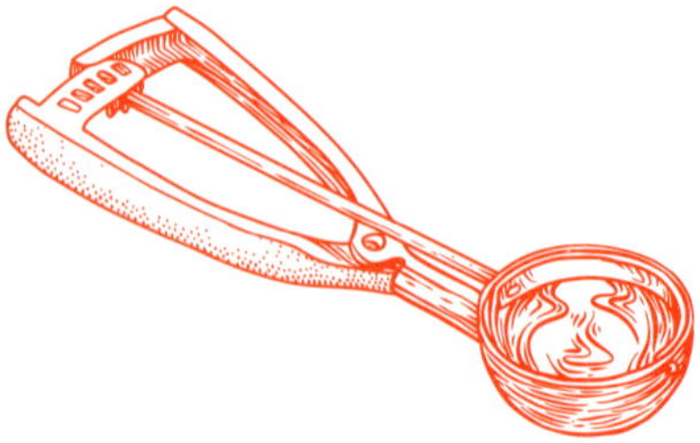

POUR 6 À 8 PERSONNES

PRÉPARATION : 20 MIN • CUISSON : 1 H 15
FACILE • BON MARCHÉ

• 10 belles figues • 2 citrons bio • 3 œufs • 15 cl de crème liquide entière • Glace au yaourt ou à la vanille • 300 g de sucre cristal • 170 g de poudre d'amande • 150 g de sucre en poudre • 90 g de farine • 1/2 sachet de levure chimique

1. Préchauffez le four à 150 °C. Réalisez un caramel avec le sucre en poudre dans une casserole. Lorsqu'il prend une belle couleur ambrée, versez-le dans un moule à manqué en inclinant celui-ci pour bien le répartir sur tout le fond. Lavez et essuyez les figues, coupez-les en rondelles épaisses et disposez-les en les serrant bien sur le caramel durci.

2. Fouettez les œufs avec le sucre cristal. Râpez finement le zeste des citrons lavés, puis pressez-les. Ajoutez zeste et jus, ainsi que la farine mélangée à la poudre d'amande et à la levure. Mélangez bien, puis incorporez la crème.

3. Versez la pâte dans le moule et enfournez pour 1 h à 1 h 15.

4. Patientez 15 à 20 min après la sortie du four avant de démouler le gâteau sur un plat de service. Laissez-le complètement refroidir avant de le déguster avec une boule de glace.

Conseil : placez-le au réfrigérateur : bien frais et bien ferme, ce moelleux n'en sera que meilleur !

Le bon accord : un alsace-muscat.

LE FILET MIGNON

De tous les morceaux du cochon, le filet mignon est l'un des plus tendres et des plus maigres. En cuisine, il se prête à toutes les préparations : classique, exotique, rôti, poêlé, tout lui convient. Parfait pour enchanter les repas du quotidien.

Fiche d'identité Ce muscle long, niché en profondeur dans le quart arrière du dos du cochon, offre une chair à la fois tendre et maigre. Sa saveur discrète lui permet d'être accompagné des garnitures les plus variées, salées comme sucrées : purées, légumes verts, fruits secs, agrumes, épices exotiques, miel… On peut le laquer, le cuire en croûte, le détailler en médaillons épais à paner ou à faire mariner. Il trouve sa place aussi bien sur la table familiale, le dimanche, que sur celles des fêtes et des restaurants gastronomiques. Noble, ce morceau aime les cuissons rapides et être chouchouté. Il ne tolère ni les fortes températures, ni les cuissons longues, sous peine de durcir et se dessécher.

Bien le choisir La chair est joliment rose, dense et rebondie, ni trop sèche ni trop humide. Les quelques zones grasses doivent être bien blanches. Préférez un porc fermier et bénéficiant d'une IGP ou d'un Label Rouge à ceux élevés de manière industrielle. Ceux du Limousin ou de montagne sont top ! À découvrir, le porc noir de Bigorre, réintroduit il y a quelques années par une poignée de producteurs. *De 15 à 25 € le kg.*

Côté nutrition Dégraissé, le filet mignon se situe au plus bas de l'échelle calorique des viandes, avec une teneur de 120 kcal/100 g. Ce petit muscle est un poids plume côté lipides, environ 4 g/100 g, mais un poids lourd pour l'apport protéique, avec 21 g en moyenne. Il présente un parfait équilibre entre acides gras saturés et acides gras polyinsaturés. C'est une généreuse source de phosphore, zinc, sélénium, fer et magnésium. Il fournit également de précieuses vitamines du groupe B, en particulier la vitamine B1 (thiamine), booster naturel d'énergie cellulaire. En bonus, cette viande diététique est digeste, si l'on garde la main légère sur les corps gras de cuisson et les sauces…

PORC SAUTÉ
aux légumes et à l'ananas

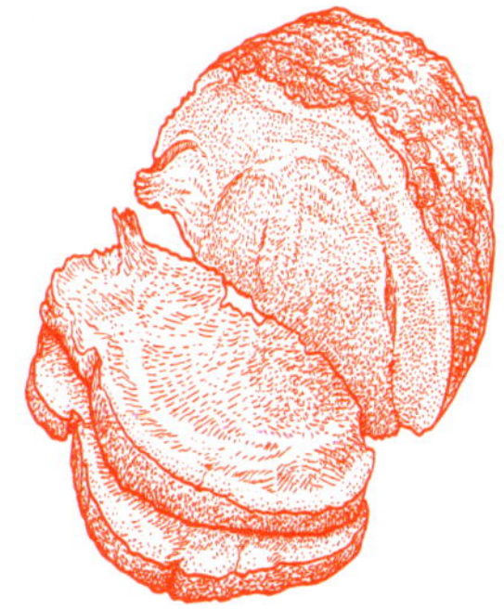

POUR 4 PERSONNES

PRÉPARATION : 30 MIN • CUISSON : 35 MIN
FACILE • ABORDABLE

• 2 filets mignons • 1 ananas Victoria • 3 carottes • 2 poivrons rouges • 3 échalotes • 1 petit oignon • 3 gousses d'ail • 1 bouquet de ciboulette • 5 g de beurre • 30 cl de lait de coco • 10 cl de vin blanc sec • 2 cuil. à soupe d'huile d'olive • 1 cuil. à soupe de curry • 2 pincées de piment de Cayenne • Sel et poivre

1. Ciselez finement les échalotes et l'oignon. Coupez les poivrons, épépinez-les, coupez-les en lanières fines. Épluchez les carottes, coupez-les en dés. Pelez l'ananas, taillez-le en morceaux ainsi que la viande.

2. Saisissez les échalotes et l'oignon quelques minutes dans l'huile et le beurre. Ajoutez la viande et les gousses d'ail entières. Colorez sur feu moyen en retournant souvent. Réservez la viande au chaud.

3. Déglacez au vin blanc. Laissez réduire 5 min, filtrez. Reversez le jus, ajoutez le poivron, l'ananas, le lait de coco, le curry, le piment, du sel et du poivre. Faites épaissir 15 min sur feu doux. Retirez les gousses d'ail, écrasez-les et ajoutez leur chair.

4. Remettez la viande, réchauffez-la 5 min. Rectifiez l'assaisonnement et parsemez de ciboulette ciselée.

Le bon accord :
un montlouis (vallée de la Loire).

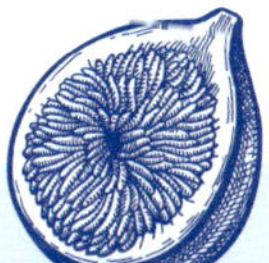

FILET MIGNON FARCI
POUR 4 PERSONNES

• Incisez 2 filets mignons dans la longueur. Au besoin, aplatissez-les avec un rouleau à pâtisserie. • Garnissez-les de 100 g de fromage frais mélangé à 5 figues fraîches coupées en dés, 1 cuil. à soupe de fruits secs concassés et 2 cuil. à soupe de miel. Refermez les rôtis, puis ficelez-les. Fermez les extrémités en serrant bien. • Faites-les dorer dans une sauteuse huilée avec 2 oignons. Faites cuire 25 min à feu doux avec 15 cl de fond de veau, 10 cl de vin blanc et 1 bouquet garni. • Réservez 5 min avant de découper. • Servez avec de la polenta crémeuse.

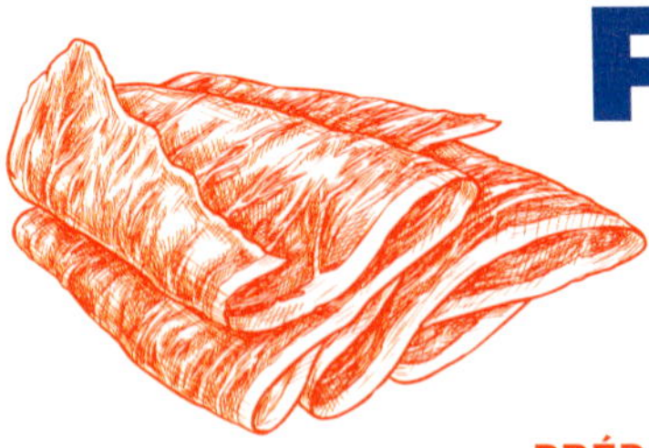

FILET MIGNON
pomme et grenaille

POUR 4 PERSONNES

PRÉPARATION : 25 MIN • CUISSON : 25 MIN • REPOS : 30 MIN
FACILE • BON MARCHÉ

• 2 filets mignons • 5 grandes tranches de jambon serrano
• 4 pommes (reinette ou Pink Lady) • 400 g de pommes de terre grenaille
• 4 échalotes grises • 4 gousses d'ail • Quelques brins de thym
• 5 cl d'huile d'olive • 3 pincées de piment d'Espelette • Sel et poivre du moulin

1. Sortez les filets mignons 30 min avant de cuisiner. Ciselez 2 échalotes et 2 gousses d'ail dégermé. Chauffez 2 cuillerées à soupe d'huile d'olive dans une sauteuse et jetez-y les échalotes. Ajoutez les filets mignons et l'ail, faites colorer 5 min sur feu moyen. Laissez tiédir.
2. Bardez la viande avec les tranches de jambon cru. Saupoudrez de thym, de piment d'Espelette et de poivre. Préchauffez le four à 180 °C. Répartissez les pommes de terre sur 4 pics en bois. Dans un plat à four graissé, déposez la viande, les brochettes de pomme de terre, les gousses d'ail et les échalotes restantes entières. Arrosez le tout d'huile d'olive, salez et enfournez pour 20 min.
3. Lavez les pommes fruits, coupez-les en tranches d'épaisseur moyenne et ajoutez-les dans le plat 15 min avant la fin de la cuisson.
4. Découpez les filets en médaillons épais. Arrosez la viande avec le jus de cuisson. Servez avec les brochettes de grenaille et les pommes.

Le bon accord :
un brouilly (Beaujolais).

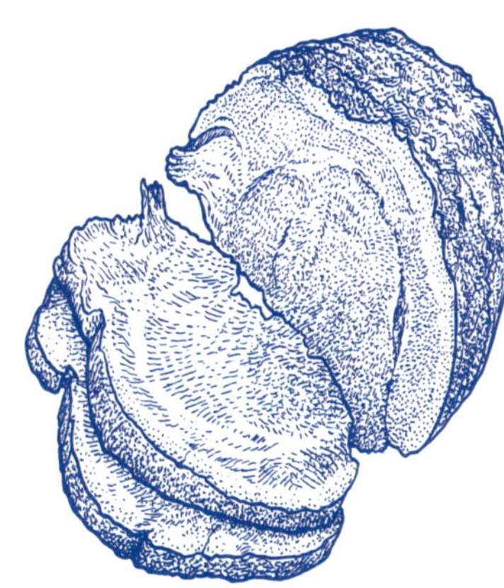

LA FRAMBOISE

Sa douceur exquise, presque sensuelle, en fait l'un des fruits rouges les plus recherchés, d'autant que sa saison, de juin à septembre, est éphémère.

Fiche d'identité Avec plus de 200 variétés différentes, la diversité est au rendez-vous, même si l'on rencontre le plus souvent sur les étals la meeker, au goût acidulé, et l'héritage, au joli rouge foncé. On peut parfois en trouver des jaunes, orange et même noires ! Si elle existe encore à l'état sauvage, elle se cultive aujourd'hui le plus souvent au jardin, avec l'infini plaisir de la croquer comme un bonbon fondant. Égérie des pâtissiers pour son raffinement, elle forme une parfaite alliance avec le chocolat et les fruits légèrement acidulés comme les agrumes.

Bien la choisir Qu'importe sa couleur, elle doit être bien brillante. Avec une peau veloutée et une chair délicatement ferme, plus elle est petite, plus elle est savoureuse. Mais elle reste fragile à manipuler et ne se conserve pas plus de deux à trois jours une fois cueillie. *À partir de 4 € la barquette.*

Côté nutrition Elle fait partie des fruits qui affichent la plus forte densité nutritionnelle, tout en restant peu calorique (seulement 44 kcal/100 g) : fer, calcium, magnésium, vitamine C, fibres... Sa richesse en antioxydants est également un atout.

SALADE DE FRAMBOISES
et figues en coulis

POUR 4 PERSONNES

PRÉPARATION : 20 MIN • CUISSON : 20 MIN
FACILE • ABORDABLE

• 12 figues violettes • 800 g de framboises • 2 brins de menthe
• 30 g de beurre • 150 g de sucre • 5 cl de sirop de framboise
• 5 cl de sirop de sucre de canne • 1 tranche de brioche rassise

1. Préparez le coulis de framboise : faites cuire la moitié des framboises dans une casserole avec le sucre et amenez à ébullition. Laissez cuire environ 15 min. Après refroidissement, mixez finement la préparation et passez-la à travers un chinois. Ajoutez les 2 sirops et réservez au frais.

2. Pelez les figues si vous le souhaitez et coupez-les en quartiers. Rincez rapidement le reste des framboises à l'eau fraîche.

3. Hachez grossièrement la brioche et faites dorer les brisures dans une poêle avec le beurre.

4. Versez dans des bols individuels un peu de coulis, puis disposez les fruits, parsemez-les des brisures de brioche poêlées et décorez avec des feuilles de menthe.

Le bon accord :
un rosé-des-riceys
(Champagne).

LA GIROLLE

Sa chair raffinée et sa saveur délicate en font un mets recherché des gourmets. Ce champignon est l'objet d'une telle ruée qu'il se fait rare sur les marchés...

Fiche d'identité Son nom scientifique, *Cantharellus cibarius*, ne reflète pas la texture et le parfum fruité de cette « chanterelle ciboire ». Reconnaissable à sa jolie couleur orangée et à son chapeau en forme d'entonnoir, la girolle apparaît dès le mois de mai au Sud, en juin dans le Nord. Les ramasseurs malins savent que les girolles reviennent au même endroit d'une année sur l'autre. Une fois leur cachette trouvée, la manne des récoltes est assurée, d'autant que c'est un champignon qui est rarement attaqué par les vers. En revanche, la girolle est fragile dans sa préparation. Elle supporte mal d'être passée à l'eau, sous peine de se transformer en éponge, et sa cuisson ne dépasse pas une poignée de minutes à feu doux pour éviter une consistance caoutchouteuse.

Bien la choisir Avant de la choisir, il faut la trouver ! La girolle préfère les sols humides, acides et peu calcaires. Elle se rencontre souvent en lisière des forêts et pousse volontiers en groupe. On privilégie les plus petites, qui ont davantage de goût. Le chapeau et le pied doivent être bien fermes, veloutés au toucher, et surtout dépourvus de taches ou de viscosités. *À partir de 21 € le kg.*

Côté nutrition Une cueillette peu calorique (33,1 kcal/100 g), qui est particulièrement bien pourvue en vitamines du groupe B, en vitamines D et E. La girolle n'est pas non plus avare en minéraux (potassium et phosphore en tête), avec une teneur exceptionnelle en sélénium, un précieux antioxydant.

Nos bons accords « La girolle est un champignon facile à marier », assure le caviste Vincent Damestoy, des Vins de Vincent, à Bayonne. « Il suffit de prendre garde à ne pas choisir un vin trop puissant. L'idéal ? Un blanc du sud de la Vallée du Rhône, comme un châteauneuf-du-pape. Et pourquoi pas un pinot-noir de Bourgogne pour accompagner une omelette ? »

TENDRONS DE VEAU
aux girolles

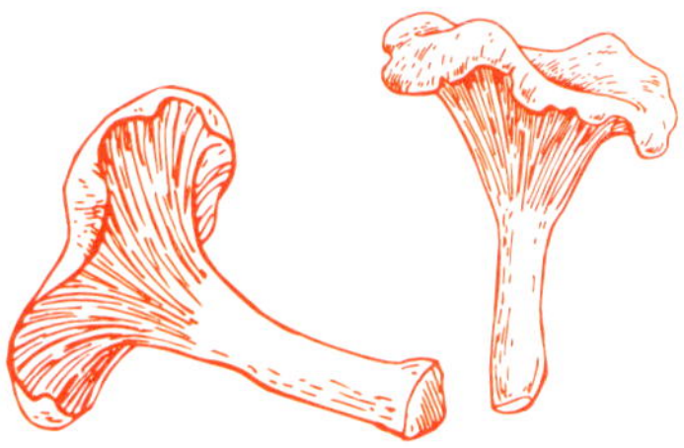

POUR 4 PERSONNES

PRÉPARATION : 20 MIN • CUISSON : 1 H 15
FACILE • ABORDABLE

• 4 tendrons de veau • 800 g de girolles • 5 carottes • 1 oignon • 2 échalotes • 2 branches de romarin • 6 feuilles de sauge • 30 g de beurre • 25 cl de vin blanc sec • 3 cuil. à soupe d'huile • Sel • Poivre

1. Préchauffez le four à 180 °C. Faites dorer les tendrons de veau dans une cocotte avec l'huile sur chaque face pendant 5 min, sur feu assez vif. Réservez-les dans une assiette.

2. Pelez les carottes et l'oignon et faites-les blondir dans la même cocotte pendant 5 min.

3. Remettez les tendrons dans la cocotte, versez le vin blanc, ajoutez le romarin et la sauge, salez, poivrez, puis continuez la cuisson 5 min.

4. Couvrez et placez la cocotte au four, laissez cuire 1 h.

5. Pendant ce temps, lavez rapidement les girolles, coupez leur pied et recoupez-les en deux si elles sont trop grosses. Pelez et hachez les échalotes et faites-les blondir 3 min à la poêle dans le beurre. Ajoutez les champignons et faites sauter l'ensemble. Versez le tout dans la cocotte 15 min avant la fin de la cuisson.

6. Rectifiez l'assaisonnement et servez accompagné de riz pilaf.

Le bon accord :
un mercurey rouge (Bourgogne).

GIROLLES AU VINAIGRE
POUR 1 BOCAL

• Lavez 200 g de girolles en les passant sous un filet d'eau. Ôtez le pied terreux et déposez les champignons sur un linge. • Plongez-les dans une casserole d'eau bouillante salée pour 3 min, puis égouttez-les. • Pelez 1 cébette, retirez sa tige et coupez-la en quatre. Placez-les avec 1 cuil. à café de graines de moutarde, 1/2 de graines de coriandre et 1/2 de mélange 5 baies dans un bocal bien propre. Ajoutez les girolles et glissez 1 tige de romarin à la verticale. Portez 30 cl de vinaigre blanc (à 10° si possible) à ébullition. • Versez-le doucement dans le bocal, de manière à ce que les bulles d'air remontent à la surface au fur et à mesure. • Remplissez à ras bord, puis vissez le bocal et retournez-le jusqu'à complet refroidissement. • Conservez plusieurs mois au placard. Une fois ouvert, placez le bocal au réfrigérateur. • Dégustez au moment de l'apéritif ou en guise de condiment, avec de la charcuterie par exemple.

CROÛTE *aux girolles*

POUR 4 PERSONNES

PRÉPARATION : 15 MIN • CUISSON : 15 MIN
FACILE • ABORDABLE

• 600 g de girolles • 10 g de cèpes séchés • 1 échalote cuisse-de-poulet • 8 brins de ciboulette • 40 cl de crème fraîche épaisse type Isigny • 30 g de beurre • 4 tranches épaisses de pain de campagne • 10 cl de vin jaune • Sel • Poivre du moulin

1. Lavez les girolles en les passant sous un filet d'eau. Ôtez le pied terreux et déposez-les sur un linge. Mixez les cèpes séchés pour les réduire en poudre.
2. Pelez et ciselez l'échalote. Faites-la suer dans une grande sauteuse avec le beurre pendant 1 min. Ajoutez les girolles, salez et poivrez, et faites-les sauter 5 à 6 min, jusqu'à évaporation de leur eau de végétation.
3. Déglacez au vin jaune et laissez réduire avant d'incorporer la crème et la poudre de cèpe. Assaisonnez, mélangez et faites réduire d'un tiers pour concentrer la sauce.
4. Faites légèrement griller les tranches de pain au grille-pain et disposez-les au centre de 4 assiettes creuses. Garnissez-les de girolles à la crème. Donnez un dernier tour de moulin à poivre et parsemez de ciboulette ciselée.

**Le bon accord :
un saint-joseph rouge
(vallée du Rhône).**

LA GRENADE

Belle, délicieuse, un bilan nutritionnel parfait, la grenade a tout bon et occupe une place de choix dans la famille des « superfruits ». Sa production est relancée en Languedoc. Septembre en ouvre la pleine saison.

Fiche d'identité Sous le soleil, on commence à cueillir en septembre les premières grenades dodues à l'écorce rouge et luisante, aux grains vivement colorés et gorgés de jus aromatique. On file dénicher ce fruit exotique sur les étals. Exotique mais pas tropical, enfin pas seulement. La grenade, même si elle aime la chaleur, ne pousse pas exclusivement sous un soleil de plomb. La culture des grenadiers est même relancée dans le sud de la France, en Occitanie. On dégustait déjà ces fruits venus de Provence à la cour du Roi-Soleil, et la production française ne s'est arrêtée qu'au début du XXe siècle. Le regain d'intérêt actuel de jeunes producteurs nationaux pour ce beau fruit s'explique aisément. La demande explose et ils entendent se tailler une place sur ce marché en pleine croissance, en concurrençant les grenades espagnoles, iraniennes, égyptiennes ou californiennes.

Bien la choisir Il faut se fier au poids, et sélectionner la plus lourde, à grosseur égale. On la choisit colorée, avec une robe bien luisante. On écarte les fruits à l'écorce tachée et sèche. Bon à savoir, les grenades, non entaillées, se conservent facilement trois semaines dans le bac du réfrigérateur. Les grains seront même plus parfumés. *Autour de 3,50 € pièce.*

Côté nutrition La liste de ses vertus ne cesse de s'allonger au fil des études. La grenade serait un allié de poids contre certains cancers (sein, colon), les maladies cardio-vasculaires, le vieillissement, Alzheimer… C'est un puissant énergisant, antioxydant et anti-inflammatoire. On recommande une consommation de 25 cl de jus par jour. Sachant que 100 g de grains n'en donnent que 5 cl environ, cela explique le coût élevé du jus de grenade pur que l'on trouve dans le commerce.

Nos bons accords Le vin doit équilibrer son acidité originelle. En salade ou taboulé, un rosé fruité, un tavel par exemple, convient bien. En accompagnement de poissons ou de saint-jacques, un alsace-pinot-gris. En complément d'un dessert avec des notes pâtissières d'amande ou de vanille, un pacherenc-du-vic-bilh ou un jurançon jeune.

AUBERGINE ET GRENADE
façon méditerranéenne

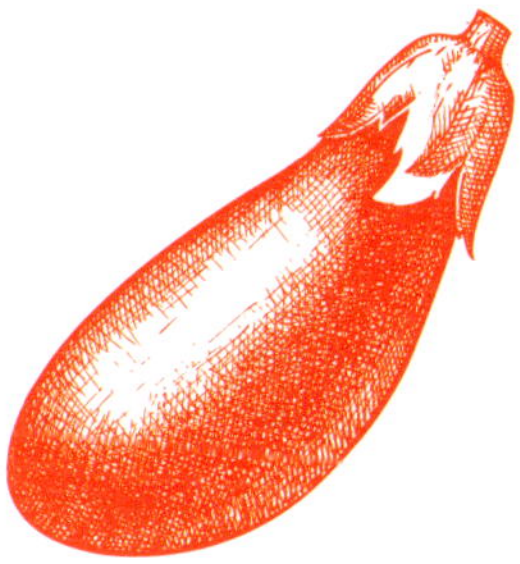

POUR 4 PERSONNES

PRÉPARATION : 25 MIN
• REPOS : 15 MIN • CUISSON : 30 MIN
FACILE • BON MARCHÉ

• 4 aubergines • 2 grenades • 2 oignons • 2 tomates • 2 gousses d'ail • 3 brins de persil • 2 brins de menthe • 3 cuil. à soupe d'huile d'olive • 1 yaourt nature liquide • Sel • Gros sel • Poivre

1. Préchauffez le four à 200 °C. Lavez les aubergines et placez-les entières dans le four. Laissez-les cuire environ 20 min, jusqu'à ce qu'elles soient bien tendres. Laissez-les refroidir un peu, coupez-les en deux, récupérez leur chair à la cuillère, placez-la au-dessus d'une passoire et saupoudrez de 2 cuillerées à soupe de gros sel. Laissez dégorger 15 min.

2. Pelez et hachez finement l'oignon et l'ail. Pelez et épépinez les tomates, coupez-les en dés. Lavez et ciselez les herbes. Coupez les grenades en deux et récupérez les graines en tapant sur leur écorce avec une cuillère en bois au-dessus d'un saladier.

3. Écrasez la chair des aubergines à la fourchette et ajoutez-lui les tomates, l'ail, l'oignon et les herbes. Versez l'huile d'olive, le yaourt, poivrez et salez peu. Mélangez soigneusement et transvasez dans un saladier. Tassez un peu la préparation et placez les graines de grenade au centre. Dégustez frais.

Le bon accord : un la-clape blanc (Occitanie).

CEVICHE
de daurade royale à la grenade

POUR 4 PERSONNES

PRÉPARATION : 35 MIN • MARINADE : 1 H 30
FACILE • ABORDABLE

• 450 g de filet de daurade • 3 grenades • 2 jeunes courgettes • 1 orange • 2 citrons verts • 2 oignons nouveaux • 6 radis ronds • 10 g de gingembre râpé • 5 cl d'huile d'olive • 1/2 cuil. à café de sucre • Coriandre • Sel et poivre blanc

1. Émincez les oignons nouveaux avec une partie de la tige. Effeuillez la coriandre. Pressez les citrons. Émulsionnez l'huile avec leur jus, le gingembre, le sucre, 3 pincées de sel et du poivre. Ajoutez les radis émincés, la coriandre (gardez quelques feuilles) et les oignons. Filmez et mettez au frais 1 h.
2. Coupez les grenades, égrenez-les, écrasez les deux tiers des grains au tamis pour extraire le jus, filtrez-le et ajoutez-le à la marinade.
3. Lavez les courgettes, détaillez-les en tagliatelles. Coupez l'orange en tranches, puis en quartiers. Avec un couteau bien aiguisé, coupez la daurade en tranches pas trop fines. Déposez-les dans un plat creux et versez de la marinade et sa garniture, des quartiers d'orange et des tagliatelles de courgette entre chaque couche de poisson.
4. Répartissez le reste des grains de grenade et la coriandre réservée, filmez et faites mariner 30 min au frais.

Le bon accord :
un pessac-léognan blanc.

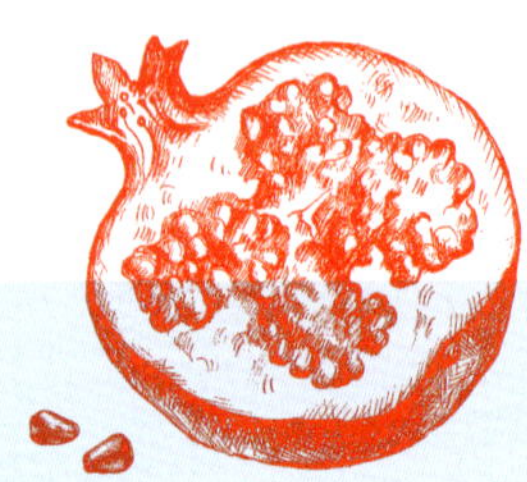

RIZ AU LAIT À LA GRENADE
POUR 4 PERSONNES

• Égrenez 2 grenades. Passez la moitié des grains au blender pour en extraire un jus épais. Filtrez. • Portez 80 cl de lait à ébullition avec le jus de grenade, 1 gousse de vanille fendue et grattée et 1 pincée de sel. • Versez 120 g de riz en pluie en mélangeant. • Laissez frémir sur feu doux pendant 30 min à découvert. Remuez régulièrement. • Retirez la gousse de vanille, ajoutez 120 g de sucre, mélangez bien et poursuivez la cuisson 10 min. • Hors du feu, couvrez et laissez gonfler 5 min. • Répartissez en verrines en ajoutant le reste des grains de grenade. • Placez au frais pour 3 h avant de servir avec quelques éclats de pistache, pour décorer et compléter les saveurs.

LA GROSEILLE

Cultivée dans les jardins depuis le Moyen Âge pour ses vertus médicinales, la groseille a vite rejoint la table des rois pour acquérir ses lettres de noblesse culinaire.

Bien les choisir Vendues en grappe, les baies doivent accrocher l'œil par leur aspect brillant, bien charnu et dépourvu de meurtrissures. La couleur, quant à elle, n'est pas le meilleur indicateur pour déterminer la maturité du fruit, car elle fluctue en fonction des variétés. Le test ? On croque un grain, si le goût s'équilibre harmonieusement dans une juste douceur acidulée, le fruit est prêt à être dégusté. Délicates, les groseilles se consomment dans l'idéal le jour même, et ne se conservent pas plus d'un jour ou deux au réfrigérateur. *De 2 à 4 € la barquette de 125 g.*

Côté nutrition C'est un poids plume avec son apport en sucre (seulement 5 %) et en calories (55 kcal pour 100 g), mais un concentré d'antioxydants, particulièrement dosé en vitamine C (40 mg pour 100 g) pour renforcer les défenses immunitaires et dynamiser l'organisme. Et ce n'est pas le seul atout de cette baie qui possède des propriétés anti-inflammatoires et diurétiques. Bien pourvue en fer, en calcium et en potassium, elle apporte également des fibres en bonne quantité, notamment la précieuse pectine qui protège les cellules de l'intestin.

Nos bons accords Sa saveur acidulée, qui se fond si bien dans une salade de fruits, un sorbet, un gâteau ou une tarte, se marie à merveille avec un champagne rosé effervescent, pour faire doublement pétiller les papilles. On peut aussi préparer de délicieuses groseilles au vin rouge, à accompagner d'un crémant du Jura rosé, dont la légèreté et les arômes fruités et floraux envelopperont la baie de douceur. Dans sa version salée, la groseille accompagne volontiers la viande, comme le canard. Un bergerac composera un accord classique, quand un banyuls, doux et subtil, créera une osmose osée.

TRIFLE
aux groseilles

POUR 4 PERSONNES

PRÉPARATION : 10 MIN • PAS DE CUISSON
FACILE • BON MARCHÉ

• 125 g de groseilles rouges • 125 g de groseilles blanches • 20 cl de crème fleurette bien froide • 2 cuil. à soupe de mascarpone • 4 tranches de quatre-quarts ou 1 douzaine de palets bretons • 1 sachet de sucre vanillé • 1 cuil. à café d'extrait d'amande amère • 4 cuil. à soupe de gelée de groseilles • 4 cuil. à soupe d'amaretto

1. Montez la crème bien froide en chantilly au batteur avec le mascarpone. Incorporez le sucre vanillé et l'extrait d'amande amère à la fin en fouettant plus doucement. Réservez au frais.
2. Émiettez le quatre-quarts ou les biscuits et imbibez-les d'amaretto. Répartissez-en la moitié dans le fond de 4 coupes ou verrines.
3. Égrainez les groseilles en réservant 4 belles grappes. Mélangez les groseilles égrainées avec la gelée et répartissez la moitié de la préparation dans les coupes. Recouvrez de chantilly et répétez l'opération en terminant par la chantilly. Décorez avec les grappes de groseilles et servez avec une longue cuillère.

Le bon accord : un crémant du Jura.

MAGRETS DE CANARD AUX GROSEILLES
POUR 4 PERSONNES

• Entaillez 2 magrets de canard pour réaliser un quadrillage. Assaisonnez-les et saisissez-les dans une poêle très chaude côté peau pendant quelques minutes. • Quand la graisse a bien fondu et que le magret est bien doré côté peau, retirez l'excédent de graisse dans la poêle et retournez-les pour saisir la chair. Égrainez 250 g de groseilles et pilez au mortier 1 cuil. à café de poivre de Sichuan. • Retournez les magrets pour les placer sur la peau et ajoutez les groseilles et le poivre. • Faites-les revenir 2 min, puis ajoutez 2 cuil. à soupe de miel de citronnier et mélangez souvent, retournez le magret pour uniformiser la cuisson. Il doit être rosé. • Sortez-le et laissez-le reposer 5 min sous un papier aluminium, en attendant que la sauce se concentre. Tranchez les magrets et servez-les avec la sauce aux groseilles et au poivre. • Accompagnez d'une salade verte croquante, type scarole.

GELÉE DE GROSEILLE *à la pêche*

POUR 6 POTS

PRÉPARATION : 10 MIN • CUISSON : 20 MIN
FACILE • BON MARCHÉ

• 500 g de groseilles • 500 g de pêches
• 800 g de sucre environ • 1 gousse de vanille

1. Rincez et égrainez les groseilles. Mettez-les dans une casserole avec 5 cl d'eau. Faites chauffer en remuant et en écrasant les grains à l'aide d'une écumoire pendant 10 min, afin de faire rendre le plus de jus possible.
2. Passez au chinois et pesez le jus obtenu. Comptez le même poids en sucre en ajoutant 500 g. Fendez et raclez la gousse de vanille pour récupérer les graines.
3. Pelez les pêches, coupez-les en quartiers et placez-les dans une casserole sur feu vif avec le jus de groseille, le sucre, la gousse et ses graines. Dès les premiers bouillons, retirez l'écume avec une écumoire et faites cuire pendant environ 10 min selon la teneur en sucre des fruits.
4. Versez une goutte de gelée sur une assiette froide : si elle se fige, stoppez la cuisson. Ôtez la gousse de vanille et versez la préparation bien chaude dans des pots en verre préalablement ébouillantés. Vissez le couvercle de chaque pot et retournez les pots jusqu'à complet refroidissement avant de les étiqueter et de les stocker plusieurs mois dans le placard.

LE HARENG

Ce petit poisson de mer, qui vit en banc dans les eaux froides, est l'un des plus pêchés au monde. Très apprécié frais ou fumé, il est facile à préparer.

Fiche d'identité Abondant, il nourrit les populations depuis le Moyen Âge et sa longue conservation, grâce au sel, en a fait une monnaie d'échange. Aujourd'hui, il est souvent consommé en filet fumé doux, moins salé que le hareng fumé classique. Sinon vous pouvez le faire dessaler dans du lait pendant 1 h. Faites mariner les filets à l'huile pour une entrée classique avec des pommes de terre. Une note sucrée, distillée par un agrume ou une marinade aux pommes, révélera sa chair goûteuse.

Bien les choisir Les yeux doivent être vifs et rouges, les ouïes roses, le corps ferme et les écailles brillantes. Son goût varie selon sa période de pêche. Il est plus savoureux avant la saison de reproduction, d'octobre à janvier. *À partir de 6,50 € le kg (frais), 17,50 € le kg (fumé doux).*

Côté nutrition Poisson gras composé de graisses insaturées (oméga 3), il est riche en protéines et constitue une bonne source de phosphore, sélénium, fer, zinc et vitamines du groupe B, D et A. Fumé, il contient plus de sodium ; attention donc si vous surveillez votre apport en sel.

HARENGS
marinés aux herbes et aux agrumes

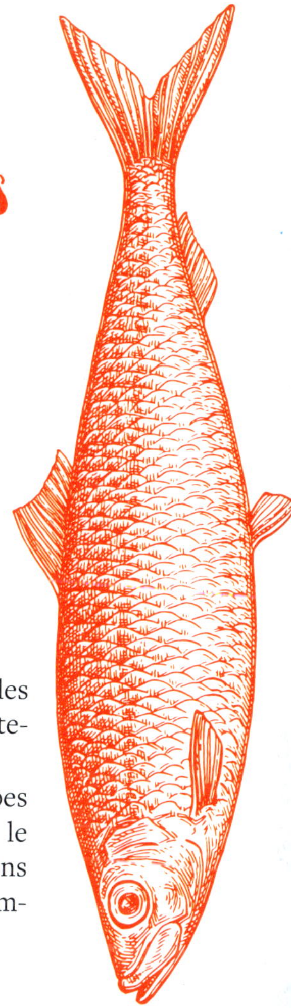

POUR 4 PERSONNES

PRÉPARATION : 15 MIN • CUISSON : 10 MIN • REPOS : 1 NUIT
FACILE • BON MARCHÉ

• 8 filets de harengs fumés • 1 orange • 1 citron jaune • 1 citron vert • 40 cl d'huile de pépins de raisin • 4 brins de thym • 2 feuilles de laurier • 2 anis étoilés • 1 cuil. à soupe de graines de coriandre • 1 cuil. à soupe de graines de fenouil • 1 pincée de baies roses • Sel • Poivre

1. À l'aide d'un économe, prélevez les zestes des agrumes en bandes. Lavez les filets de poisson et placez-les dans une terrine à bord haut pouvant les contenir à plat.

2. Mettez l'huile à chauffer avec les écorces d'agrumes, les épices et les herbes pendant 10 min à feu doux. Salez, poivrez. Laissez refroidir, puis versez le contenu de la casserole sur les filets de poisson. Laissez-les mariner au moins une nuit au réfrigérateur. Servez-les accompagnés de tranches de pain de campagne grillées.

Le bon accord : un irouléguy blanc (Sud-Ouest).

HARENGS MARINÉS AU SUCRE
POUR 4 PERSONNES

• Retirez les arêtes de 8 harengs frais. Placez-les dans le fond d'un plat. • Mélangez 4 cuil. à soupe de sucre en poudre avec 4 cuil à soupe de sel fin, 1/2 botte d'aneth ciselée et 1 cuil. à soupe de baies roses et recouvrez-en les filets. • Filmez et laissez mariner une nuit au frais. • Passé ce temps, rincez-les sous l'eau froide et coupez-les en morceaux. • Ciselez 1 oignon rouge, hachez le reste de la botte d'aneth et mélangez-le aux poissons. • Faites bouillir 15 cl de vinaigre de vin blanc avec 2 cuil. à soupe de sucre et versez le tout sur le mélange. • Laissez refroidir.

HARENGS
sauce moutarde

POUR 4 PERSONNES

PRÉPARATION : 15 MIN • CUISSON : 10 MIN • REPOS : 1 NUIT
FACILE • BON MARCHÉ

• 8 harengs salés • 800 g de pommes de terre à chair ferme • 1 oignon rouge • 3 cuil. à soupe de moutarde en grains • 15 cl de lait • 2 brins d'aneth • 1 cuil. de miel liquide • 5 cl d'huile neutre • Sel • Poivre

1. Faites lever les filets de poisson par votre poissonnier. Rincez-les soigneusement sous un filet d'eau. Placez-les dans un plat creux et recouvrez-les de lait. Laissez-les dessaler une nuit au frais.
2. Préparez la vinaigrette. Fouettez 2 cuillerées à soupe de lait de la marinade avec la moutarde, le miel et l'huile. Salez, poivrez.
3. Pelez et tranchez l'oignon en rondelles. Ciselez l'aneth, ajoutez-les à la vinaigrette. Égouttez les filets de poisson et recoupez-les en 3 ou 4 morceaux. Assaisonnez-les avec la vinaigrette et servez-les accompagnés de petites pommes de terre tièdes cuites à la vapeur.

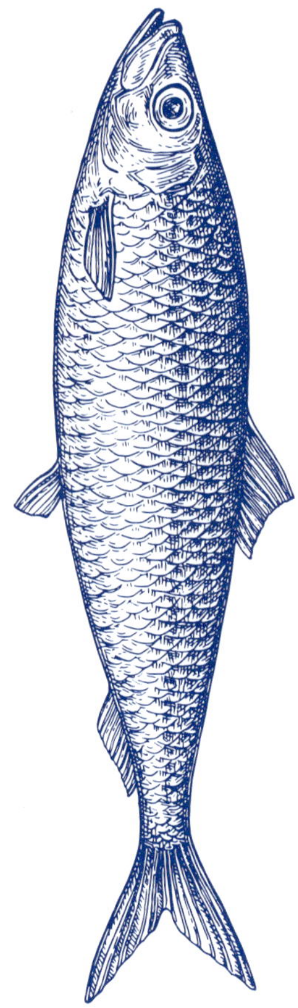

Le bon accord : une vodka.

LE HARICOT VERT

Star des potagers, c'est le légume le plus consommé en conserve et en surgelé en France. Mais le frais, dont l'été est la pleine saison, se défend bien aussi…

Fiche d'identité La France en est le premier producteur européen, sachant qu'il apprécie les régions tempérées. Que ce soit le mange-tout ou le classique (appelé filet), il se décline en trois catégories (moyen, fin ou extra fin). Une juste cuisson ne lui fait pas perdre son croquant et la vapeur sublime sa saveur. Chaud ou en salade, avec une noix de beurre, de l'ail et du persil ou des aromates, il est toujours délicieux. Une association inattendue ? Avec un œuf à la coque, pour remplacer les mouillettes.

Bien le choisir Le bon geste pour vérifier sa fraîcheur : coupez-le en deux à la main. Il casse net, sans plier ? C'est bon ! Il doit également présenter un beau vert prononcé et sans flétrissure, tout en étant ferme et bien fin. Une astuce pour éviter les fils ? Ne choisissez pas les plus gros. *À partir de 4 € le kg.*

Côté nutrition Ce légume light, dont on envie la ligne, contient une belle quantité de fibres qui le rendent particulièrement digeste. Il est aussi une bonne source de vitamines B9 et C, de fer, de calcium, de potassium, de magnésium et d'antioxydants pour stimuler le système immunitaire.

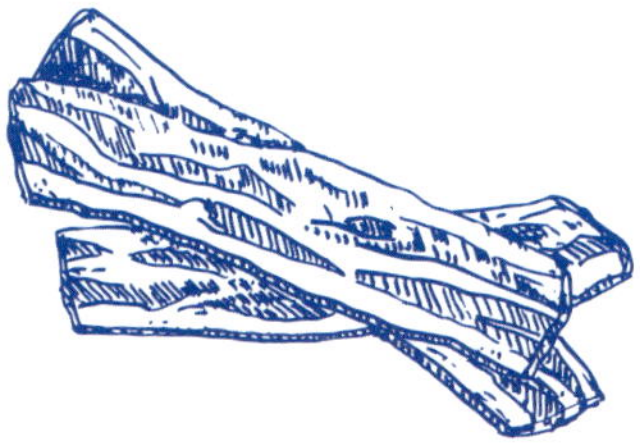

SALADE
de haricots estivale

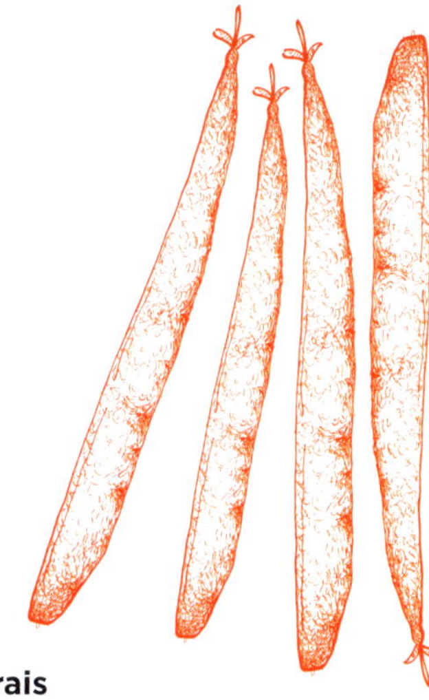

POUR 4 PERSONNES

PRÉPARATION : 30 MIN • CUISSON : 20 MIN
FACILE • BON MARCHÉ

• 4 tranches fines de lard fumé • 600 g de haricots verts frais • 3 cébettes • 6 champignons de Paris • 6 radis ronds • 1 citron bio • 30 g d'amandes entières • 5 cl d'huile d'amande • 2 cuil. à soupe de graines de tournesol • 2 cuil. à soupe de moutarde à la noisette • 2 cuil. à soupe de vinaigre de framboise • Sel • Poivre

1. Équeutez les haricots. Faites-les cuire dans une grande casserole d'eau bouillante salée pendant environ 15 min (il faut qu'ils restent croquants mais pas trop). Égouttez-les et rafraîchissez-les sous un filet d'eau froide (pour stopper la cuisson et garder leur belle couleur).

2. Posez les tranches de lard sur une plaque à four et faites-les griller 10 min dans le four préchauffé à 180 °C.

3. Lavez les cébettes et émincez-les en fines lamelles avec un peu de leur vert. Lavez les radis et détaillez-les en fines rondelles. Râpez le zeste du citron et pressez le fruit. Lavez les champignons, coupez leurs pieds et taillez-les en lamelles fines. Citronnez-les afin d'éviter qu'ils ne noircissent.

4. Faites torréfier les amandes et les graines de tournesol pendant 3 min dans une poêle à sec, en mélangeant constamment. Concassez-les grossièrement au couteau.

5. Préparez la vinaigrette : fouettez la moutarde avec le vinaigre, du sel et du poivre, puis versez doucement l'huile en fouettant encore.

6. Placez les haricots dans un grand plat. Ajoutez les champignons citronnés, le zeste râpé et les cébettes, répartissez les rondelles de radis, puis les fruits secs concassés. Versez la vinaigrette, salez, poivrez, cassez les chips de lard par-dessus, mélangez délicatement et servez.

**Le bon accord :
un IGP côtes-de-gascogne
blanc (Sud-Ouest).**

TAJINE D'AGNEAU
aux haricots verts

POUR 4 PERSONNES

PRÉPARATION : 30 MIN • CUISSON : 50 MIN
FACILE • ABORDABLE

• 500 g d'épaule d'agneau coupée en cubes • 500 g de haricots verts frais • 4 tomates • 2 oignons • 1 gousse d'ail • 1 noix de gingembre • 5 brins de coriandre • 15 cl de vin blanc sec • 2 bâtons de cannelle • 4 cuil. à soupe d'huile d'olive • 1 cuil. à café de paprika • 1 cuil. à café de curcuma • Sel • Poivre

1. Équeutez les haricots. Pelez les tomates et coupez-les en huit. Pelez les oignons et taillez-les en lamelles. Pelez l'ail et le gingembre, puis hachez-les.
2. Faites colorer la viande dans une cocotte avec 2 cuillerées à soupe d'huile pendant 5 min. Réservez et, sans laver la cocotte, ajoutez l'huile restante et faites blondir les oignons, l'ail et le gingembre pendant 5 min. Ajoutez les tomates et les haricots, puis remettez la viande.
3. Saupoudrez avec les épices, ajoutez les bâtons de cannelle, salez, poivrez, déglacez avec le vin blanc, puis versez 25 cl d'eau.
4. Laissez cuire 40 min à petit feu et à couvert, jusqu'à ce que les haricots soient cuits et la viande tendre.
5. Servez avec la coriandre fraîche. Proposez un peu de semoule fine en accompagnement.

Conseil Si vous possédez un plat à tajine, faites la deuxième cuisson au four à 160 °C pendant 1 h.

Le bon accord :
un bandol rosé (Provence).

SALADE DE HARICOTS VERTS ET PÊCHES
POUR 4 PERSONNES

• Équeutez 800 g de haricots verts et faites-les cuire dans une casserole d'eau bouillante pendant 20 min. Égouttez-les et rafraîchissez-les. • Pelez 3 pêches et coupez-les en quartiers. • Pressez 1 citron et citronnez les pêches avec la moitié du jus. Hachez grossièrement 75 g de noix du Brésil. • Ciselez 2 brins d'estragon. • Mélangez 4 cuil. à soupe d'huile de noix avec le jus de citron restant. • Placez les haricots dans un saladier, répartissez les pêches et les noix, ajoutez quelques baies roses pilées et l'estragon. • Salez, poivrez et arrosez avec la vinaigrette.

LES HUÎTRES

Ancrées dans notre patrimoine culinaire et gastronomique, les huîtres trouvent en France de vastes zones côtières et typiques pour se développer.

Fiche d'identité Sept régions ostréicoles assurent une riche production qui place la France au premier rang européen de l'élevage de l'huître. Si les techniques y sont sensiblement identiques, la saveur des huîtres diffère. Car c'est l'environnement marin, le « merroir », et le savoir-faire des producteurs qui déterminent leur texture et leur goût plus ou moins iodé, salé, sucré... Du stade primaire à la taille adulte, selon le mode d'élevage séculaire, au moins trois années vont s'écouler. De quoi laisser aux coquillages, en filtrant l'eau, le temps de s'enrichir des arômes et nutriments de leur milieu naturel. On trouve certaines variétés toute l'année, car les ostréiculteurs pratiquent souvent, en plus de l'élevage traditionnel, celui d'huîtres triploïdes (stériles, donc sans laitance en été), plus rapide et facile. Le marché compte aussi une étonnante nouveauté : des huîtres naturellement aromatisées (framboise, gingembre).

Bien les choisir En vrac, on privilégie les huîtres les plus lourdes, avec des coquilles fermées et sans éclats. En bourriche, il faut vérifier l'étiquette de salubrité qui mentionne au minimum la provenance (parfois étrangère), le nom du producteur et la date de conditionnement. On se fie bien sûr aux labels, appellations et titres régionaux (Label Rouge, IGP, CCP, certification AB, Qualité Hérault), mais aussi à la réputation d'ostréiculteurs reconnus (maison Gillardeau). Attention à la taille de l'huître : un calibre de 0 à 5 lui est attribué. Plus il est élevé, plus l'huître est petite. Les grands amateurs choisiront des n° 2, dont les saveurs sont longues en bouche. Les n° 3 et n° 4 sont en général plus douces et subtiles. À la maison, on conserve les huîtres au frais, et toujours la partie bombée au-dessous pour conserver leur eau. *De 8 à 40 € la douzaine.*

Côté nutrition L'huître (chair et eau) est un concentré de bienfaits d'une grande variété : acides gras, oméga 3, vitamine B12, vitamine D, fer, phosphore, zinc, iode... Peu grasse et calorique (environ 10 kcal par mollusque), l'huître a tout bon, si l'on excepte sa teneur en purines, qui produisent de l'acide urique. Attention : elle doit impérativement être vivante avant d'être consommée crue ou cuisinée, car les risques de toxi-infection sont élevés. Pour les mêmes raisons, on la lave, brosse et ouvre au dernier moment.

TARTARE D'HUÎTRES
aux crevettes et au radis noir

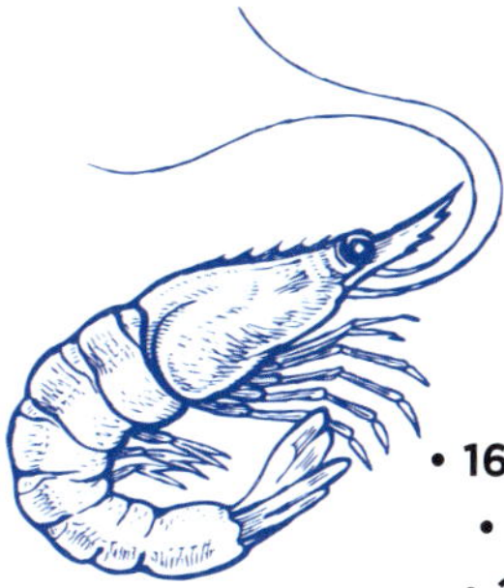

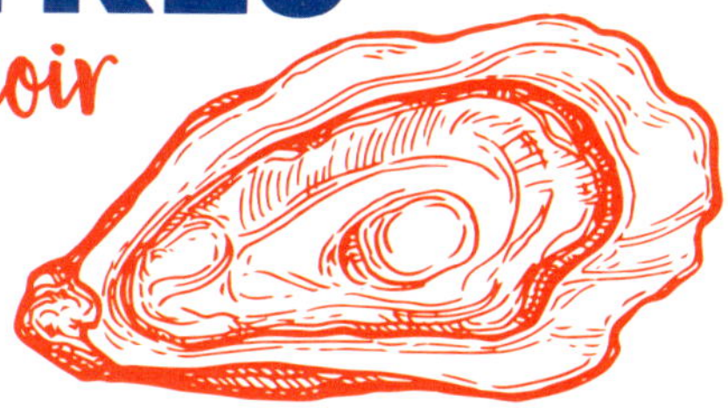

POUR 4 PERSONNES

PRÉPARATION : 20 MIN
FACILE • ABORDABLE

• 16 huîtres fines de claire n° 2 • 8 crevettes roses cuites • 2 citrons • 100 g de mâche • 100 g de salade mêlée • 80 g de radis noir • 2 échalotes • 2 cuil. à soupe de jus de pomme • 1 cuil. à soupe d'huile d'olive • 1 cuil. à soupe de vinaigre de cidre • Poivre

1. Ouvrez et décoquillez les huîtres, coupez la chair en morceaux. Filtrez leur jus et ajoutez-le à la chair. Filmez et réservez au frais. Rincez les coquilles.
2. Dans un bol, fouettez le vinaigre avec le jus d'un citron, le jus de pomme, l'huile et du poivre. Décortiquez les crevettes, taillez-les en petites rondelles. Hachez les échalotes. Pelez le radis noir et coupez-le en brunoise. Ciselez la moitié des feuilles de mâche.
3. Mélangez le tartare d'huître, le radis, les crevettes, les échalotes, la mâche ciselée et la vinaigrette. Répartissez dans les coquilles et servez rapidement avec le reste de salade et des tranches de citron.

Le bon accord : un coteaux-du-vendômois (vallée de la Loire).

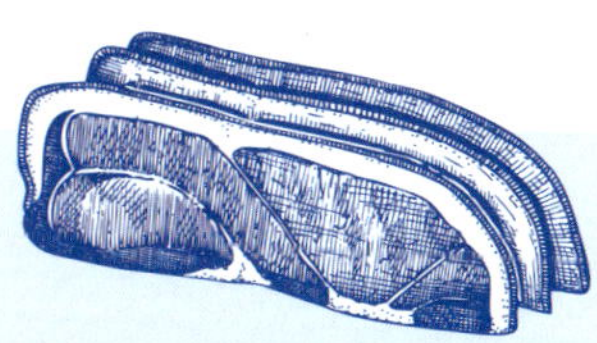

BOUCHÉES AU SPECK
POUR 4 PERSONNES

• Coupez 4 tranches de speck en deux dans la longueur. Ouvrez 8 huîtres spéciales, recueillez leur eau et filtrez-la dans une étamine. Décoquillez-les. • Chauffez à frémissement leur eau avec 5 cl de vin blanc. Préchauffez le four à 210 °C. Faites mousser 10 g de beurre dans une poêle, déposez les huîtres et ajoutez le liquide précédent. • Comptez 3 min, puis égouttez les mollusques. Entourez chacun d'une demi-tranche de speck. • Disposez les bouchées dans un plat et enfournez pour 2 min. Saupoudrez de piment d'Espelette et de poivre, dégustez rapidement.

CARPACCIO
terre-mer

POUR 4 PERSONNES

PRÉPARATION : 15 MIN • REPOS : 2 MIN
FACILE • ABORDABLE

• 400 g de carpaccio de bœuf (filet, rumsteck) • 16 huîtres n° 3
• 1/2 citron (jus) • 6 brins de ciboulette • 7 cl d'huile d'olive
• 2 cuil. à soupe de vinaigre de framboise
• 1 cuil. à soupe de câpres • Fleur de sel • Poivre

1. Ouvrez les huîtres, patientez 2 min, puis décoquillez-les en récupérant leur eau.
2. Répartissez le carpaccio dans les assiettes de service. Arrosez avec l'huile d'olive, ajoutez quelques gouttes de vinaigre et saupoudrez d'une pincée de fleur de sel.
3. Hachez grossièrement les huîtres, conservez-en 4 entières, poivrez. Dans un bol, émulsionnez le jus du demi-citron, le reste de vinaigre et l'eau des huîtres filtrée. Ajoutez leur chair et mélangez délicatement. Déposez le tartare au centre des carpaccios et ajoutez les huîtres entières. Répartissez les câpres, parsemez de ciboulette ciselée. Servez rapidement.

Le bon accord : une bière blanche.

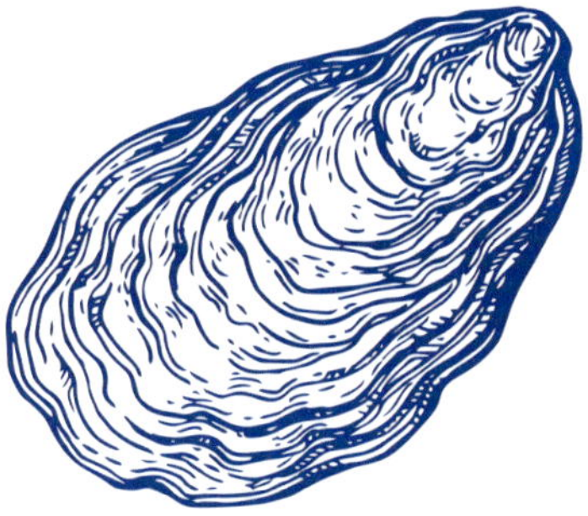

LE LAPIN

Avec sa chair tendre et fine, il est l'ingrédient principal de beaux classiques de la gastronomie française, et s'accommode de mille et une façons.

Fiche d'identité Du point de vue de la législation, le lapin est considéré comme une volaille. Parmi les lapins d'élevage, on trouve le bleu de Vienne ou le rex du Poitou, particulièrement savoureux. Braisé, rôti, en cocotte… une cuisson longue décuple son goût. Sa chair, sans la peau, absorbe facilement le gras et apprécie d'être marinée. Il se consomme également froid, dans les salades ou en terrine.

Bien le choisir Il doit avoir une jolie chair rosée et un œil brillant, des cuisses rebondies et un râble bien charnu. Donnez votre préférence à un animal labellisé, Lapin de France ou Label rouge, qui reçoit une alimentation de qualité, car cet animal prend le goût de ce qu'il mange. *À partir de 10 € le lapin entier.*

Côté nutrition Peu calorique (170 kcal pour 100 g), cette viande survitaminée renferme une bonne quantité de sélénium, fer, zinc, phosphore, vitamines B3, B6 et B12. Elle contient 20 % de protéines et 60 % d'acides gras insaturés, dont une bonne partie d'oméga 3, bénéfiques à l'organisme.

LAPIN
confit aux herbes

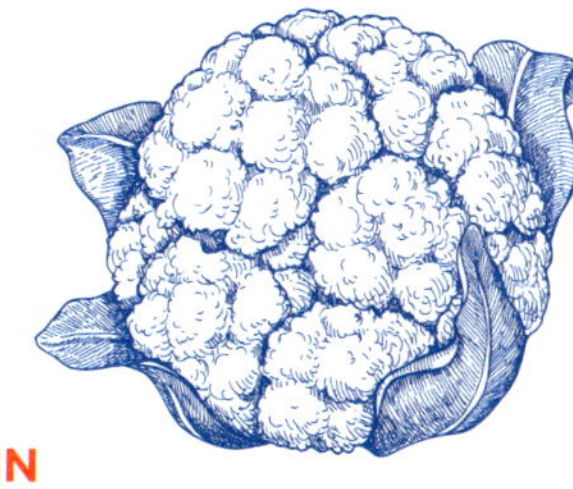

POUR 4 PERSONNES

PRÉPARATION : 30 MIN • MARINADE : 2 H • CUISSON : 45 MIN
FACILE • BON MARCHÉ

• 1 lapin coupé en morceaux • 1/2 chou-fleur • 2 citrons bio • 4 gousses d'ail • 1 noix de gingembre frais • 6 brins de persil plat • 4 brins de coriandre • 4 brins de menthe • 10 cl d'huile d'olive • Sel • Poivre

1. Prélevez le zeste des citrons en lanières à l'aide d'un économe et exprimez leur jus. Pelez et hachez l'ail et le gingembre. Lavez les herbes, effeuillez-les (sauf 2 brins de persil) et ciselez-les. Placez le tout dans un plat à gratin. Versez l'huile, salez, poivrez et mélangez.
2. Placez les morceaux de lapin dans le plat et laissez mariner au moins 2 h au réfrigérateur, en les retournant de temps en temps.
3. Préchauffez le four à 180 °C. Enfournez le plat de lapin pour environ 45 min, en retournant les morceaux à mi-cuisson pour qu'ils soient bien dorés.
4. Lavez le chou-fleur, détachez les fleurettes et mixez-les grossièrement pour obtenir une consistance de semoule. Mettez-les dans un saladier.
5. Réservez les morceaux de lapin dans un plat de service chaud. Grattez les sucs de cuisson du plat à gratin et arrosez-en le chou-fleur. Parsemez des 2 brins de persil restants ciselés. Rectifiez l'assaisonnement et servez avec le lapin.

Le bon accord :
un ventoux rouge (vallée du Rhône).

RILLETTES DE LAPIN
POUR 4 PERSONNES

• Faites revenir 250 g de lard en dés et 1 lapin coupé en morceaux dans une cocotte avec 2 cuil. à soupe d'huile. Ajoutez 1 oignon et 3 gousses d'ail pelées et hachées. • Au bout de 10 min, versez 20 cl de vin blanc sec, 15 cl de bouillon de volaille, 1 bouquet garni (laurier et thym) et 1 petit piment, assaisonnez. Placez la cocotte avec son couvercle dans le four préchauffé à 160 °C et laissez cuire 3 h. • Ajoutez un peu d'eau ou de bouillon de volaille au besoin. • Laissez refroidir et effilochez le lapin à la main en retirant tous les petits os. Ôtez le bouquet garni et mélangez la viande avec sa garniture dans une terrine. • Couvrez à niveau avec le liquide de cuisson versé au travers d'un tamis. • Laissez prendre au réfrigérateur au moins 12 h.

LAPIN
au vin blanc et à l'estragon

POUR 4 PERSONNES

PRÉPARATION : 40 MIN • CUISSON : 1 H 20
FACILE • BON MARCHÉ

• 1 lapin coupé en morceaux • 125 g de lardons fumés • 500 g de champignons de Paris • 250 g d'oignons grelots • 1 oignon • 1 gousse d'ail • 4 brins d'estragon • 15 cl de vin blanc sec • 30 g de beurre • 4 cuil. à soupe d'huile d'olive • Sel • Poivre

1. Pelez et hachez l'oignon et l'ail. Faites-les revenir 3 à 4 min avec 2 cuillerées d'huile dans une cocotte. Réservez-les. Sans laver la cocotte, ajoutez l'huile restante et faites dorer 5 min les morceaux de lapin de tous côtés. Remettez l'ail et l'oignon, versez le vin blanc et continuez la cuisson 5 min. Ajoutez 10 cl d'eau et la moitié de l'estragon. Laissez cuire 30 min sur feu doux à couvert, à petits frémissements.
2. Lavez les champignons, éliminez les pieds, recoupez les chapeaux en deux ou en quatre. Pelez les oignons grelots.
3. Faites sauter les oignons grelots avec 15 g de beurre dans une sauteuse pendant 5 à 7 min, jusqu'à ce qu'ils soient dorés. À l'issue des 30 min de cuisson, ajoutez-les dans la cocotte avec le lapin et poursuivez la cuisson 15 min.
4. Faites dorer les champignons avec le reste de beurre dans la sauteuse pendant 5 min. Réservez-les dans une assiette et, à la place, faites dorer les lardons sans ajout de matière grasse 5 à 6 min, jusqu'à ce qu'ils soient bien grillés.
5. Ajoutez les lardons et les champignons dans la cocotte et laissez encore 10 min sur le feu. Salez, poivrez, ajoutez les feuilles d'estragon restantes et servez directement dans la cocotte. Vous pouvez servir en accompagnement des tagliatelles fraîches ou des pommes de terre à l'eau.

Le bon accord :
un ventoux rouge (vallée du Rhône).

LE LARD

Loin d'être un détail culinaire, cette couenne, souvent méprisée, apporte son moelleux et sa petite pointe unique aux légumes, aux viandes et même aux poissons.

Fiche d'identité Sa présence récurrente dans les recettes gastronomiques fait un pied de nez à ceux qui le relèguent parmi les bas morceaux. Le lard recouvre une réalité bien plus large. Il désigne la partie grasse sous la peau de certains animaux, comme le porc. On distingue le lard maigre, que l'on appelle également ventrèche, parce qu'il se situe au niveau de la poitrine, et le lard gras, placé entre la chair et la couenne. Et si le lard a gagné ses lettres de noblesse, il possède également ses perles italiennes avec le lard d'Arnad et le fameux Colonnata, d'un blanc nacré, affiné six mois dans une vasque de marbre qui mêle l'art au cochon…

Bien le choisir Il peut se présenter en tranches longues ou en lardons et être nature ou fumé. Acheté en bloc épais, il va servir à composer des lardons qui se glissent volontiers dans les omelettes, les salades et les quiches. Pour les bardes, où de fines tranches de lard vont entourer des pièces de viande à rôtir afin d'éviter le dessèchement à la cuisson, on préférera le lard gras. *1 pièce de 480 à 500 g, à partir de 2,50 €.*

Côté nutrition Le lard est loin d'être léger (810 kcal/100 g de lard cru). Et pourtant, pas question de le diaboliser ! Sa saveur unique et sa richesse en lipides permettent d'ajouter moins d'huile ou de beurre dans les recettes et de profiter au passage d'une ration de protéines de bonne qualité. On peut alors le fondre, puis le refroidir pour le transformer en saindoux.

Nos bons accords Le lard mérite un vin de prestige pour parachever cette alchimie du goût. « On optera pour un vin bien structuré », recommande le caviste Vincent Damestoy, des Vins de Vincent, à Bayonne. « Doré à la poêle, il s'accordera avec un blanc comme un sancerre, un blanc de Gascogne ou un jurançon. On peut aussi choisir un châteauneuf-du-pape ou un côte-rotie rouge, surtout pour une recette à base de viande, et pourquoi pas des saint-jacques. Il faudra juste faire attention de bien doser la quantité de lard pour un bon équilibre gustatif. »

CAKE aux lardons et aux tomates confites

POUR 6 PERSONNES

PRÉPARATION : 15 MIN • CUISSON : 40 MIN
FACILE • BON MARCHÉ

• 125 g de lardons frais • 3 œufs • 125 g de comté râpé • 250 g de farine • 16 cl d'huile d'arachide • 15 cl de vin blanc sec • 125 g de tomates confites à l'huile • 1 sachet de levure chimique • Sel • Poivre

1. Tamisez la farine et la levure au-dessus d'un saladier. Préchauffez le four à 180 °C.
2. Ajoutez les œufs dans le saladier, versez l'huile et le vin blanc, puis fouettez.
3. Égouttez les tomates et coupez-les en deux ou trois morceaux. Ajoutez-les dans la pâte, ainsi que les lardons et le fromage. Salez un peu, poivrez. Mélangez encore.
4. Versez le tout dans un moule à cake beurré ou en silicone et enfournez pour 40 min. Vérifiez la cuisson en plantant la pointe d'un couteau dans la pâte, elle doit ressortir à peine humide.

Le bon accord :
un costières-de-nîmes rouge (vallée du Rhône).

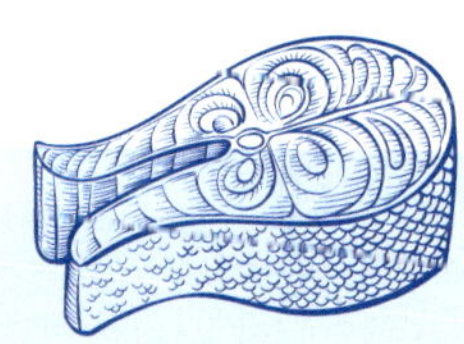

SAUMON RÔTI AU LARD

POUR 4 À 6 PERSONNES

• Retirez les arêtes de 1 filet de saumon sans peau avec une pince à épiler. Assaisonnez-le sur les 2 faces. Disposez un lit de 250 g de fines tranches de lard juxtaposées sur le plan de travail. Effeuillez par-dessus 2 branches d'estragon. • Posez le saumon, puis recouvrez-le des feuilles de 2 autres branches d'estragon et bardez-le de 250 g de fines tranches de lard. • Ficelez-le comme un rôti et faites-le dorer 3 à 4 min sur chaque face dans une poêle avec 2 cuil. à soupe d'huile de tournesol. • Transférez le rôti dans un plat à four. • Déglacez la poêle avec 8 cl de vin blanc sec sur feu vif et arrosez-en le poisson. Enfournez pour 10 à 15 min à 180 °C (le saumon doit être juste cuit à cœur). • Ôtez les ficelles et servez le saumon avec des lentilles cuites au court-bouillon.

GÂTEAU
de pommes de terre au lard

POUR 6 PERSONNES

PRÉPARATION : 25 MIN • CUISSON : 1 H À 1 H 30
FACILE • BON MARCHÉ

• 300 g de lard fumé taillé en fines tranches • 1 kg de pommes de terre • 3 gousses d'ail • 1 bouquet de thym • 125 g de beurre doux • 1 pincée de noix de muscade râpée • 1 cuil. à soupe de baies roses • Sel • Poivre

1. Pelez les pommes de terre et taillez-les en fines rondelles au robot ou à la mandoline. Ne les rincez pas pour conserver l'amidon.

2. Pelez l'ail et écrasez-le au presse-ail. Effeuillez le thym, concassez les baies roses au mortier. Faites fondre le beurre. Fouettez l'ail et la noix de muscade râpée dans le beurre fondu. Préchauffez le four à 180 °C.

3. Badigeonnez de beurre le fond d'un moule à manqué d'environ 24 cm de diamètre et chemisez-le d'un disque de papier cuisson.

4. Parsemez d'un peu de thym, puis tapissez le fond d'une couche de fines tranches de lard. Rangez une couche de pommes de terre et badigeonnez-les généreusement de beurre à l'ail. Salez, poivrez et parsemez d'un peu de baies roses et de thym. Répétez l'opération jusqu'à épuisement des pommes de terre.

5. Enfournez pour 1 h à 1 h 30. Vérifiez la cuisson à l'aide d'un couteau (les pommes de terre doivent être fondantes). À la sortie du four, patientez 10 min, puis renversez le gâteau sur un plat de service et coupez-le en parts.

Le bon accord : un morgon (Beaujolais).

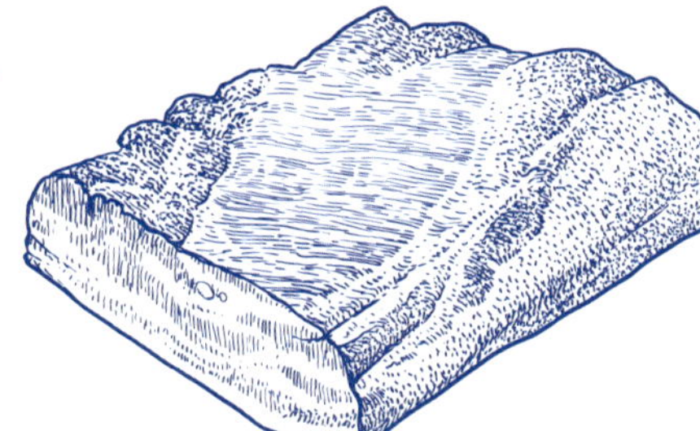

LE MAGRET DE CANARD

Lié à la fabrication du foie gras, ce morceau à la fois festif et convivial est l'un des plats préférés des Français.

Fiche d'identité Le magret correspond au filet d'un canard gras, c'est-à-dire gavé pour produire du foie gras. Plus charnu que le simple filet d'un canard à rôtir, il est presque toujours issu d'un canard mulard, croisement d'un canard de Barbarie et d'une cane de Pékin. Les canards se distinguent par leurs conditions d'élevage (durée, nourriture, mode de gavage) mais aussi par leur souche. Une poignée d'éleveurs du Sud-Ouest travaillent par exemple le canard picaillon, un mulard rustique dont une maison de foie gras (Barthouil) s'assure l'exclusivité. Un canard gras fermier label Rouge provient lui aussi de souches plus rustiques avec un élevage long (au moins 102 jours). Un bon magret ne déçoit jamais simplement poêlé. Il est excellent à la plancha ou au barbecue, entier ou en brochettes. Deux magrets ficelés face à face deviennent un succulent rôti, ou se détaillent en tournedos.

Bien le choisir Un label tricolore « Volaille française » assure que l'animal est né, a été élevé et abattu en France. Le magret peut également porter un signe comme l'Indication géographique protégée (IGP) « canard à foie gras du Sud- Ouest » qui chapeaute trois origines : Landes, Gers, Périgord. Un magret pèse entre 350 et 450 g. L'acheter emballé sous vide permet un temps de conservation plus long. *Entre 8 et 11 € le magret IGP.*

Côté nutrition Un magret poêlé apporte en moyenne 209 kcal aux 100 g. Bien pourvue en acides gras monoinsaturés, cette viande s'avère une source de protéines intéressante. Elle apporte aussi vitamines B12, fer, phosphore, sélénium et cuivre.

Nos bons accords Il aime les rouges un peu corsés : un Cru du Bordelais, un rouge du Sud-Ouest (côtes-de-duras, gaillac, bergerac, cahors, madiran...) ou un saint-joseph s'il est poêlé, à la plancha ou en rôti. Optez aussi pour la suavité d'un vin du Rhône s'il s'accompagne de fruits ou pour le fruité tonique d'un beaujolais pour un wok aux légumes.

TOURTE DE MAGRET DE CANARD
aux pommes et noisettes

POUR 8 PERSONNES

PRÉPARATION : 40 MIN • CUISSON : 35 MIN
ASSEZ FACILE • ABORDABLE

• 3 magrets de canard • 2 rouleaux de pâte feuilletée • 4 pommes • 2 cuil. à soupe de miel • 30 g de noisettes mondées • 40 g de beurre • 2 pincée de cannelle en poudre • 1 jaune d'œuf pour dorer • 1 cuil. à soupe de vinaigre balsamique • Sel • Poivre

1. Faites torréfier les noisettes à sec à la poêle. Laissez-les refroidir, puis concassez-les grossièrement. Pelez et épépinez les pommes. Détaillez-les en petits dés. Faites-les cuire avec le beurre dans une poêle sur feu doux, jusqu'à ce qu'elles soient fondantes. Ajoutez le miel, la cannelle et laissez compoter quelques minutes. Ajoutez les noisettes et mélangez délicatement. Laissez refroidir.
2. Entaillez la peau des magrets sans entamer la chair. Salez, poivrez et faites-les saisir à feu vif dans une poêle côté peau 5 min. Retournez-les et faites-les cuire 4 min. Retirez-les et laissez-les reposer 5 min. Déglacez la poêle avec le vinaigre en grattant les sucs. Coupez le magret en tranches moyennes et réservez le jus.
3. Préchauffez le four à 180 °C. Dans un moule à tarte, étalez une pâte feuilletée. Disposez les pommes, puis les tranches de magret en les faisant se chevaucher. Arrosez de la réduction de vinaigre. Badigeonnez le tour de la pâte au jaune d'œuf délayé dans un peu d'eau. Recouvrez l'ensemble avec la seconde pâte. Scellez les deux abaisses en appuyant bien. Dorez la tourte au jaune d'œuf et enfournez pour 25 min. Servez chaud.

Le bon accord :
un côtes-du-rhône-villages Cairanne.

RÔTI DE MAGRET AUX PRUNEAUX
POUR 4 PERSONNES

• Dans une casserole, faites cuire 20 min à feu doux 8 pruneaux dénoyautés avec 15 cl de vin rouge, un peu d'eau, le zeste de 1/2 orange bio, 1 cuil. à café de poivre de Sichuan, 1 cuil. à soupe de miel, 1 clou de girofle. • Laissez refroidir. • Ôtez les épices. Étalez cette compote sur 1 magret côté chair. Recouvrez de 1 autre magret. • Ficelez en rôti. Mettez à cuire 35 à 40 min dans un four préchauffé à 180 °C. • Laissez reposer 10 min sous du papier aluminium avant de servir.

CROUSTILLANT DE MAGRET *laqué*

POUR 6 PERSONNES

PRÉPARATION : 30 MIN • MARINADE : 10 MIN • CUISSON : 30 MIN
ASSEZ FACILE • ABORDABLE

• 3 magrets de canard (de 350 g chacun) • 1 cuil. à soupe de miel • 8 cl de sauce soja • 8 cl de vinaigre balsamique • 1 cuil. à café de gingembre en poudre • 1 cuil. à soupe de graines de sésame • 200 g de germes de haricots mungo (germes de soja) • 3 carottes • 1 poireau • 2 oignons nouveaux • 3 cl d'huile d'olive • 2 cl d'huile de sésame • Sel • Poivre

1. Dans un bol, diluez le gingembre dans la sauce soja et le vinaigre balsamique. Ajoutez le miel, poivrez et mélangez bien.
2. Entaillez la peau des magrets sans entamer la chair. Badigeonnez- les de la préparation et laissez mariner pendant 10 min. Posez ensuite les magrets dans une poêle, côté peau, et faites-les dorer 10 min à feu doux, en surveillant la coloration. Retournez-les sans les piquer et faites-les cuire 8 à 10 min à feu doux.
3. Pendant ce temps, nettoyez les légumes. Pelez et taillez les carottes en fins bâtonnets. Coupez les oignons en lamelles. Effilez le poireau.
4. Lorsqu'ils sont cuits, laissez reposer les magrets 5 min sous du papier aluminium, puis découpez-les en fines tranches. Faites chauffer l'huile d'olive dans un wok, puis faites-y colorer les germes de mungo, les carottes, les oignons et le poireau. Baissez le feu et laissez cuire à feu doux 5 min. Salez, poivrez. Ajoutez les tranches de magret pour les réchauffer, ôtez du feu et parsemez de graines de sésame.
5. Disposez les magrets et les légumes dans les assiettes de service. Versez un filet d'huile de sésame et servez aussitôt.

Le bon accord :
un morgon (rouge du Beaujolais).

LE MAÏS DOUX

Si ses grains sont disponibles toute l'année, septembre est la meilleure période pour profiter de bons épis dodus et juteux. Grillés, ils nous régalent, mais on peut aussi les décliner de bien d'autres façons.

Fiche d'identité Sous un beau feuillage vert pastel se cachent des rangs de perles crémeuses. Légèrement sucrés, les grains du maïs potager, ou blé d'Inde, savent se faire tendres ou croquants selon la façon dont on les cuisine. Un régal qui, jusqu'à une période récente, ne déclenchait guère l'enthousiasme des Français. Au Canada, en revanche, on attend chaque année avec impatience les premiers épis pour multiplier les épluchettes de blé d'Inde (épis grillés au four ou au barbecue). Nous sommes pourtant l'un des principaux pays producteurs de maïs doux, alors, autant en profiter. Cette céréale atypique, cueillie avant maturité lorsqu'elle est encore gorgée d'eau, est dotée de riches atouts : des arômes délicats, une texture unique et une vraie polyvalence côté cuisine. Aujourd'hui, on trouve les épis de maïs potager un peu partout sur les marchés.

Bien le choisir À l'achat, on choisit des épis aux feuilles tendres, seules les pointes sont sèches. Leur robe doit être d'un vert tendre uniforme. En écartant délicatement le feuillage, on vérifie que les grains sont jaunes (il existe des variétés blanches ou bicolores), luisants et joufflus. Mieux vaut également sélectionner des épis petits ou de taille moyenne. *Autour de 1,50 € pièce.*

Côté nutrition Des fibres (3 g), des protéines (3,3 g), mais surtout une bonne teneur en phosphore, fer, magnésium, vitamines du groupe B et vitamine C. Cette céréale affiche environ 80 kcal/100 g et, si elle est plutôt riche en glucides, son indice glycémique, lui, est faible. Enfin, et surtout, le maïs ne contient pas de gluten, d'où une popularité qui a grimpé en flèche ces dernières années.

Nos bons accords Sa forte teneur en sucre écarte les vins trop vifs ou amers. Ensuite, tout dépend de l'emploi que l'on en fait. S'il est simplement grillé, un blanc fruité avec une note minérale, comme un anjou ou un alsace, lui conviendra. En salade, un rouge léger, comme un gamay de Touraine. Et, en accompagnement d'une volaille, un chardonnay du Mâconnais, par exemple.

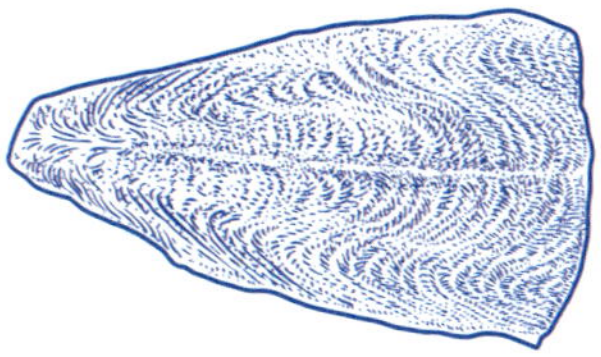

VELOUTÉ
de maïs frais au haddock

POUR 4 PERSONNES

MARINADE : 15 MIN • PRÉPARATION : 20 MIN • CUISSON : 20 MIN
FACILE • ABORDABLE

• 200 g de filet de haddock • 4 épis de maïs • 1/2 citron vert • 4 brins d'aneth • 50 cl de lait demi-écrémé • 50 cl de lait entier • 20 cl de crème liquide • Poivre 5 baies

1. Faites bouillir le lait demi-écrémé. Plongez le filet de haddock dedans. Coupez le feu et réservez 15 min à couvert.

2. Retirez le foin des épis de maïs. Faites-les cuire 10 min dans de l'eau bouillante. Égouttez et laissez tiédir avant de gratter les grains avec une fourchette pour les récupérer. Mettez-les dans une casserole avec le lait entier. Faites cuire 10 min.

3. Mixez-en grossièrement les deux tiers. Mélangez et incorporez la crème. Ajoutez de l'aneth ciselé et du poivre concassé.

4. Égouttez et effeuillez le haddock. Répartissez le velouté dans 4 assiettes creuses, ajoutez les morceaux de haddock et les grains de maïs restants. Assaisonnez du jus du citron vert. Parsemez d'aneth et de poivre avant de servir.

Le bon accord : un cassis blanc (Provence).

LE MAQUEREAU

Fini le temps où ce poisson bon marché était méprisé. Désormais son prix, sa robe gris-bleu aux reflets argentés et son goût séduisent.

Fiche d'identité Sous le bel épiderme couvert de zébrures aux reflets acier, leur chair savoureuse gorgée de nutriments précieux et un prix de vente modique en font un mets dont on ne se lasse pas. Si toutefois l'on a pris quelques minutes pour se faire expliquer par un bon poissonnier la meilleure façon de lever ses filets et de le débarrasser de ses encombrantes arêtes. Une texture sur mesure pour des rillettes marines ultra saines, des filets à la taille généreuse qui grillent en un clin d'œil, une peau fine qui croustille discrètement. C'est aussi (enfin !) un poisson que l'on peut dévorer sans culpabilité, car bien que les prélèvements soient encore jugés trop importants, les bancs abondent. Le maquereau bénéficie même d'une large zone de reproduction protégée, au sud des côtes de Cornouailles.

Bien les choisir Sur l'étal, on choisit des maquereaux au corps rigide et luisant, avec des couleurs vives, un ventre bombé, blanc et ferme. Le bon test ? Planter la tête dans la glace : les plus frais se tiennent comme des piquets. Le label international MSC (Marine Stewardship Council), quoique contesté, est un gage d'une pêche dite durable. Citons aussi le maquereau de Trouville, labellisé NFM (Normandie Fraîcheur Mer). *À partir de 6 € le kg.*

Côté nutrition Il est parfait ! Excellente source d'oméga 3, parade naturelle contre les maladies cardio-vasculaires, et que le corps ne produit pas, ce poisson semi-gras est également riche en vitamine D (garante de la santé des os) et B (stimulant du système nerveux). On y trouve aussi du fer, du phosphore, du magnésium, de l'iode ou encore du sélénium antioxydant. On évite le maquereau roi (thazard), susceptible d'avoir une teneur en mercure élevée.

MAQUEREAUX
marinés au cidre

POUR 4 PERSONNES

PRÉPARATION : 15 MIN • MARINADE : 30 MIN • CUISSON : 2 MIN
FACILE • BON MARCHÉ

• 10 filets de maquereaux • 4 carottes fanes • 10 radis • 2 oignons nouveaux • 1 gousse d'ail • 2 citrons verts • 1 bouquet d'aneth • 1 l de cidre doux • 4 cuil. à soupe rases de gros sel marin • 2 cuil. à soupe rases de sucre • 2 baies de genièvre • 10 grains de poivre noir

1. Taillez les carottes en rondelles. Émincez les oignons nouveaux et les radis, hachez l'ail dégermé. Râpez le zeste d'un citron et prélevez le jus. Coupez le citron restant en tranches.
2. Mélangez le gros sel avec le sucre et 1 cuillerée à soupe d'aneth ciselé. Saupoudrez une grande assiette de la moitié du mélange. Déposez les filets de poisson, côté chair vers le haut, et couvrez avec le reste du sel. Filmez et placez au réfrigérateur pour 15 min.
3. Versez le cidre dans une casserole et ajoutez les grains de poivre, les baies de genièvre, les carottes, les radis, les oignons et l'ail. Portez à ébullition et versez dans un plat creux. Ajoutez les zestes, les tranches et le jus des citrons, des brins d'aneth et laissez refroidir.
4. Rincez et séchez les filets de maquereaux. Coupez-les en tronçons, déposez-les dans la marinade au cidre. Placez au frais 15 min. Dégustez sur du pain frais avec un beurre salé et des radis croquants.

Le bon accord : un cidre brut.

FILETS DE MAQUEREAU AUX POIVRES

POUR 4 PERSONNES

• À l'aide d'un rouleau à pâtisserie, concassez 1 cuil. à café de poivre vert et 1 cuil. à café de baies roses. Ajoutez 3 pincées de poivre noir moulu. • Travaillez 80 g de beurre cru et mou avec le mélange. • Tartinez-en 8 épais filets de maquereau de tous côtés. Chauffez une poêle légèrement graissée à l'huile d'olive et déposez les filets de poisson, côté chair sur le fond. • Laissez griller 3 min, puis retournez-les, et poursuivez la cuisson 5 min. • Saupoudrez de fleur de sel et servez avec une poêlée de fèves ou de pommes de terre grenaille sautées.

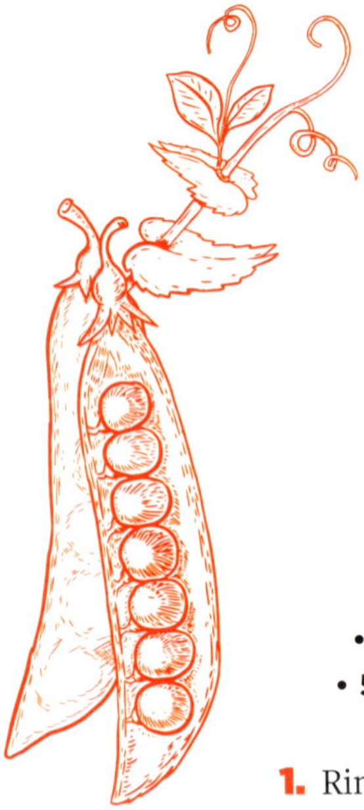

MAQUEREAUX
farcis à l'écrasé de petits pois

POUR 4 PERSONNES

PRÉPARATION : 20 MIN • CUISSON : 15 MIN
FACILE • BON MARCHÉ

• 8 petits maquereaux • 300 g de petits pois frais écossés
• 2 petites branches de romarin • 1 blanc d'œuf • 100 g de ricotta
• 5 cl d'huile d'olive • 2 pincées d'herbes de Provence • Sel • Poivre

1. Rincez et séchez les poissons. Coupez la tête et la queue. Videz-les le cas échéant et retirez délicatement l'arête centrale sans détacher les filets (ou faites-le faire par le poissonnier). Salez et poivrez l'intérieur et l'extérieur.
2. Faites cuire les petits pois 4 min dans l'eau bouillante salée. Égouttez et écrasez-les avec la ricotta, le blanc d'œuf fouetté, 2 cuillerées à soupe d'huile d'olive et les herbes de Provence. Assaisonnez. Préchauffez le four à 190 °C.
3. Garnissez les maquereaux de purée de petits pois. Fermez avec du fil alimentaire (optionnel) et déposez les poissons dans un plat. Ajoutez les branches de romarin et arrosez avec l'huile d'olive restante. Enfournez pour 10 min.

Le bon accord :
un pouilly-fumé
(vallée de la Loire).

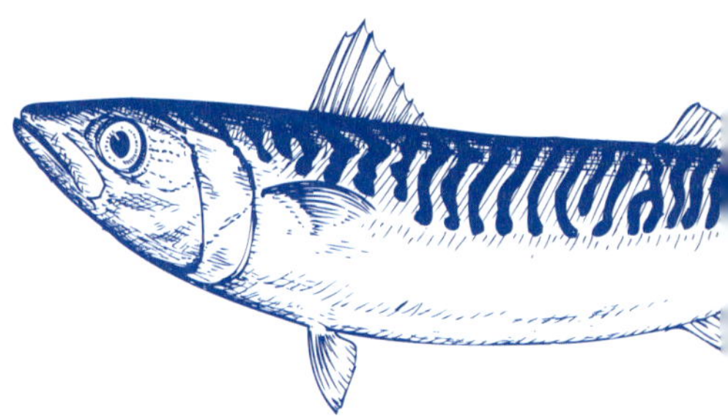

LE MELON

À l'origine cultivé tel un légume en Égypte, il est le troisième légume le plus consommé en France en été. Orangé, jaune ou vert... il en existe 650 variétés, mais c'est le charentais qui est le plus cultivé.

Fiche d'identité Cultivé en Provence et dans le Sud-Ouest, il prend place sur les étals entre juin et septembre. De la famille des cucurbitacées, il s'apprécie en contraste avec des produits très salés. En entrée, il se marie bien avec du jambon de Bayonne, de la viande des Grisons ou réchauffé par du porto, comme depuis le XVIIIe siècle. Côté fromage, on l'associe à de la feta ou de la mozzarella. On l'adore en salade de fruits, mêlé à des prunes, des pêches, des abricots. Il se prête volontiers à la confection de soupes froides, gaspachos et granités.

Bien le choisir Le melon doit être lourd et plutôt ferme, c'est le signe d'une chair très dense. À maturité, son pédoncule se décolle légèrement. Un melon frais est parfumé. S'il n'est pas encore mûr, laissez-le deux à trois jours à température ambiante. *À partir de 2,50 €/pièce.*

Côté nutrition Malgré sa saveur sucrée, il est très peu calorique (32 kcal/100 g). Composé à 90 % d'eau, c'est un fruit désaltérant, source de vitamine C, nécessaire au bon fonctionnement du système immunitaire, et de vitamine B9 qui favorise le renouvellement cellulaire. Il contient également du bêtacarotène et du potassium.

MELON
en gelée de muscat

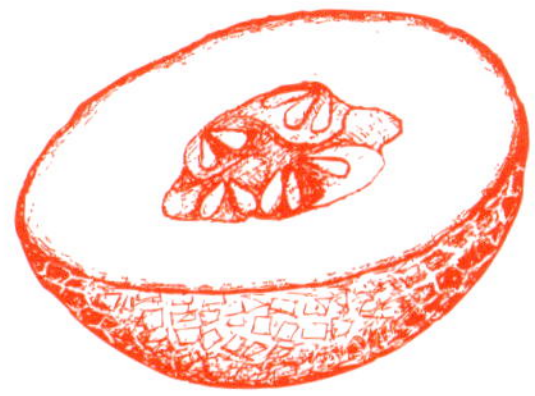

POUR 4/5 PERSONNES

PRÉPARATION : 20 MIN • CUISSON : 10 MIN • REPOS : 6 H
ASSEZ FACILE • BON MARCHÉ

• 2 melons • 2 brins de menthe • 2 citrons • 5 cl de miel liquide
• 40 cl de muscat de Provence ou de Corse • 5 feuilles de gélatine

1. Faites ramollir les feuilles de gélatine dans un verre d'eau froide.
2. Coupez les melons, ôtez leurs graines. Prélevez la chair à l'aide d'une cuillère parisienne pour former des billes.
3. Faites chauffer le vin. Zestez les citrons et récupérez leur jus.
4. Ajoutez la gélatine essorée dans le vin chaud. Mélangez bien et ajoutez les zestes et les jus des citrons, le miel. Effeuillez la menthe et ajoutez les feuilles dans le liquide. Laissez la préparation refroidir.
5. Répartissez les billes de melon dans le fond de verres à pied et versez la gelée par-dessus. Laissez prendre au réfrigérateur au moins 6 h avant de servir.

Le bon accord :
un sauternes (bordeaux).

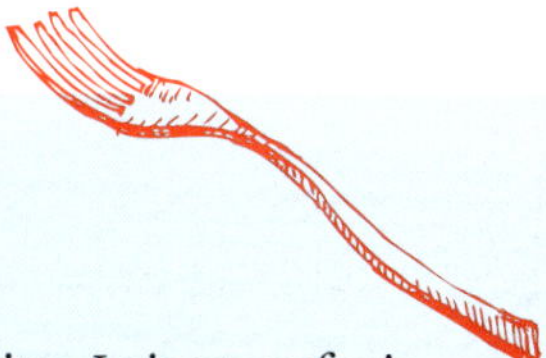

GRANITÉ DE MELON
POUR 4 PERSONNES

• Faites chauffer 15 cl d'eau avec 120 g de sucre et quelques feuilles de verveine. Laissez refroidir le sirop. • Ôtez l'écorce et les graines de 1 melon, coupez-le en morceaux. • Versez le sirop refroidi dessus et mixez fortement. • Versez la préparation dans votre sorbetière et turbine ou dans un bac en plastique et mettez au congélateur. • Grattez avec la pointe d'une fourchette au bout de 30 min et 2 ou 3 fois toutes les 30 min pour obtenir un granité.

GASPACHO
au melon et aux abricots

POUR 4 PERSONNES

PRÉPARATION : 20 MIN • CUISSON : 3 MIN • REPOS : 2 H
FACILE • BON MARCHÉ

• 1 melon • 500 g d'abricots au sirop • 1 citron • 50 g de couscous d'orge • 50 g d'amandes effilées • 10 cl de jus d'orange • 1 cuil. à soupe de pastis • 2 cuil. à soupe d'huile d'olive • 2 brins de basilic

1. Faites chauffer le jus d'orange et versez-le sur la semoule de couscous. Laissez gonfler en égrenant l'orge à la fourchette. Laissez refroidir.
2. Ôtez l'écorce du melon et ses graines. Coupez-le en morceaux en conservant une petite tranche pour le décor. Égouttez les abricots en en conservant 1 ou 2 pour le dressage.
3. Placez le melon et les abricots dans le bol de votre blender, ajoutez le pastis, le jus de citron et l'huile d'olive et faites tourner pour obtenir une préparation bien lisse. Laissez au frais au moins 2 h.
4. Faites dorer les amandes à sec dans une poêle pendant 2-3 min. Ciselez le basilic. Coupez le melon et les abricots réservés en petits cubes.
5. Répartissez le gaspacho dans 4 assiettes creuses. Ajoutez au centre un peu de semoule, quelques dés de fruits, un peu de basilic et les amandes effilées.

Le bon accord :
un irouléguy blanc
(Sud-Ouest).

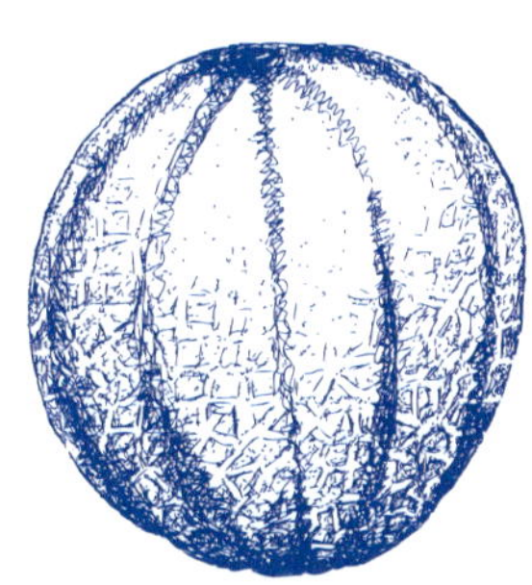

LE MERLAN

Ce poisson populaire et bon marché a tout pour plaire et son succès dans l'assiette n'entame pas ses réserves naturelles.

Fiche d'identité De la famille de la morue ou de l'églefin, il a longtemps été considéré comme le poisson du pauvre. Aujourd'hui, on redécouvre sa chair fine, feuilletée et son goût subtil, d'autant qu'il n'est pas une espèce menacée de disparition, malgré une pêche soutenue, et qu'il est disponible toute l'année. Délicat, il ne tolère que les cuissons rapides et devient vite friable. Il préfère être poché ou poêlé avec la peau pour préserver son moelleux et accompagner une julienne de légumes.

Bien le choisir Sur les étals, sa peau argentée doit briller et rester lisse pour garantir une chair ferme, tout en dégageant une odeur iodée. Sa fraîcheur se mesure aussi à son œil vif et bombé et à ses ouïes bien rouges. *À partir de 15 €/kg.*

Côté nutrition Ce poisson maigre comporte moins de 2 % de lipides, dont les oméga 3. Riche en protéines, il reste une bonne source de vitamines du groupe B, A, D, de sélénium, de phosphore et de magnésium.

MERLAN
et légumes au bouillon

POUR 4 PERSONNES

PRÉPARATION : 20 MIN • CUISSON : 45 MIN
FACILE • BON MARCHÉ

• 2 merlans levés en filet • 1/2 chou vert frisé • 4 feuilles de chou kale • 4 champignons de Paris • 1 carotte • 1 poireau • 1 oignon • 1 gousse d'ail • 4 cuil. à soupe d'huile d'olive • Sel • Poivre

1. Pelez et coupez la carotte et l'oignon en cubes. Émincez le poireau. Écrasez la gousse d'ail.
2. Lavez, puis ôtez les côtes des choux et émincez-les.
3. Placez tous les légumes dans une cocotte, versez de l'eau à hauteur, salez, poivrez et laissez cuire 30 min.
4. Passez l'équivalent de 2 louches du bouillon de légumes à travers un tamis. Posez les filets côté peau dans une poêle et versez le bouillon, amenez à ébullition, coupez le feu et laissez les poissons dans le bouillon 5 min.
5. Déposez un peu de légumes dans le fond de 4 assiettes creuses et posez dessus 1 filet de poisson. Assaisonnez et arrosez de 1 filet d'huile d'olive.

Le bon accord :
un santenay blanc (Bourgogne).

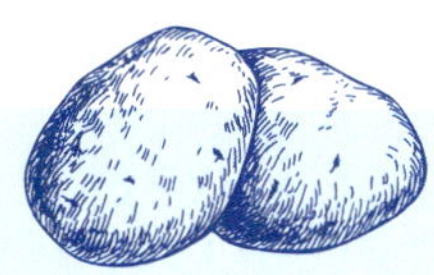

CROQUETTES DE MERLAN
POUR 4 PERSONNES

• Faites cuire 4 pommes de terre à chair farineuse avec leur peau dans de l'eau bouillante pendant 25 min. • Hachez au robot 500 g de filets de merlan avec 1 œuf, 1 cuil. à soupe de fécule, 3 brins de persil, 10 brins de ciboulette. Salez et poivrez. • Pelez et écrasez à la fourchette les pommes de terre avec 2 cuil. à soupe d'huile. • Laissez refroidir et mélangez à la chair de poisson, rectifiez l'assaisonnement. • Préparez des boulettes et aplatissez-les. • Roulez-les dans la farine et faites-les dorer 5 min de chaque côté. • Servez avec des quartiers de citron.

MERLANS PANÉS
sauce tartare

POUR 4 PERSONNES

PRÉPARATION : 20 MIN • CUISSON : 5 MIN
FACILE • BON MARCHÉ

• 8 filets de merlan • 80 g de farine • 80 g de chapelure maison • 1 œuf entier • 2 jaunes d'œufs • 2 cuil. à soupe de moutarde • 3 cornichons • 1 cuil. à soupe de câpres • 2 citrons • 2 brins de cerfeuil • 2 brins de persil • 2 brins d'estragon • 5 brins de ciboulette • 100 g de beurre • 20 cl d'huile neutre • Sel • Poivre

1. Lavez et ciselez les herbes. Mettez de côté 1 cuillerée à soupe du mélange. Hachez grossièrement les cornichons et les câpres. Fouettez les 2 jaunes d'œufs avec la moutarde et versez 10 cl d'huile en mince filet pour obtenir une mayonnaise bien ferme. Ajoutez 1 filet de jus de citron, toutes les herbes, les cornichons et les câpres. Salez, poivrez et laissez au frais.
2. Mettez la farine dans une assiette creuse. Dans une autre assiette, placez la chapelure et dans une troisième l'œuf battu.
3. Coupez les filets de poisson en deux ou en trois. Passez-les d'abord dans la farine, puis dans l'œuf et enfin dans la chapelure. Faites chauffer le beurre et l'huile restante dans une grande poêle et faites dorer les filets de poisson en procédant en deux fois. Déposez sur une feuille de papier absorbant.
4. Servez les poissons accompagnés de sauce tartare et de quartiers de citron.

Conseil Vous pouvez ajouter un peu de poudre de noisettes dans la chapelure pour apporter du croustillant.

Le bon accord : un quincy (Loire).

LA MOULE

Du nord au sud, ce coquillage bivalve bon marché séduit et s'adapte aux spécialités culinaires locales.

Fiche d'identité Reine de la paella ou de la mouclade charentaise, elle se plaît tout simplement en marinière avec une sauce au vin blanc, à la bière ou au cidre. Huit Français sur dix succombent au moins une fois par an au plaisir des moules frites. Ne prolongez pas la cuisson pour éviter qu'elles ne deviennent caoutchouteuses. Si elles peuvent être sauvages, on trouve le plus souvent des moules d'élevage. La France en est le troisième producteur en Europe, avec des espèces comme la moule de bouchot, petite, ronde et bombée. Celle provenant de la baie du Mont-Saint-Michel est protégée par une AOP. Celle cultivée dans le bassin de Thau est plus iodée et plus corsée. Celle de l'étang de Diane en Corse est tout aussi savoureuse. Quant à celle d'Espagne, de loin la plus grosse, elle est parfaite farcie.

Bien la choisir Si on la trouve toute l'année sur les étals, la période où elle sera la plus savoureuse, sans risque d'être laiteuse, s'étale de septembre à avril. Fragile, très sensible aux bactéries, sa fraîcheur est une priorité. Aussitôt achetée, presque aussitôt consommée ! Elle doit être bien fermée, avec une coquille d'un beau noir brillant, sans fêlure et légèrement humide. *À partir de 3,70 € le kg.*

Côté nutrition Riche en protéines (20 g/100 g) et pauvre en lipides (moins de 2 %), la moule renferme une mine de minéraux : calcium, fer, magnésium, phosphore, iode, cuivre. Elle chouchoute l'épiderme en conjuguant sélénium, zinc, vitamines du groupe B et vitamine E. Antioxydante, elle contient aussi des oméga 3.

Nos bons accords La saveur douce et iodée de la moule est un frein aux rouges trop tanniques qui ajoutent de l'amertume au plat. « On privilégiera donc les blancs, surtout avec les recettes crémeuses », intervient Lénaïc Tevelle, caviste de La Cuv, à Bordeaux. « Cuisinées avec du piment d'Espelette, à la plancha, on pourra tout de même tenter un pinot noir léger. Un blanc issu de chenin sera à son aise avec des moules marinière. Mon coup de cœur ? Le montlouis Rémus, du Domaine de la Taille aux Loups, de Jacky Blot. »

MARMITE
de moules au chorizo

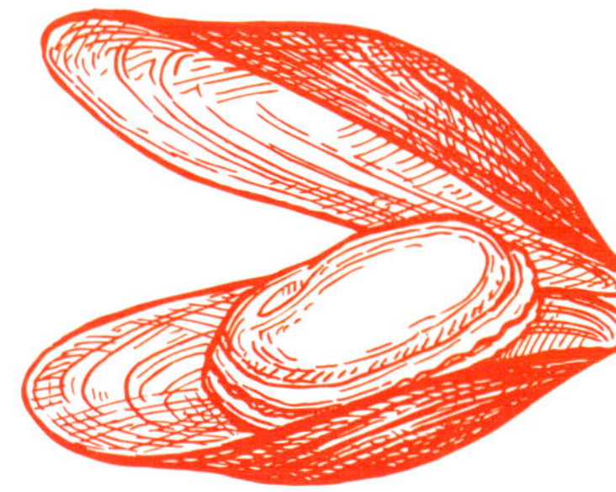

POUR 4 PERSONNES

PRÉPARATION : 20 MIN • CUISSON : 10 MIN
FACILE • BON MARCHÉ

• 2 l de moules • 100 g de chorizo fort • 3 échalotes • 1 piment fort
• 1 bouquet de cerfeuil • 30 g de beurre mou
• 1 boîte de tomates concassées (env. 400 g) • 15 cl de vin blanc sec
• Sel • Poivre du moulin

1. Nettoyez et ébarbez les moules.
2. Pelez le chorizo, taillez-le en fines rondelles et faites-les revenir dans une cocotte à sec jusqu'à ce qu'elles soient croustillantes. Réservez-les dans une assiette.
3. Dans la même cocotte avec le beurre, faites revenir les échalotes pelées et ciselées. Une fois translucides, déglacez avec le vin blanc, faites légèrement réduire, puis ajoutez les tomates concassées et le piment épépiné et émincé, salez et poivrez.
4. Ajoutez les moules, mélangez et couvrez pour que les coquilles commencent à s'ouvrir. Remettez le chorizo et remuez bien pour mélanger les saveurs. Ajoutez le cerfeuil effeuillé et ciselé. Servez bien chaud.

Le bon accord :
un côtes-du-jura rouge,
pinot noir.

MOULES FARCIES
aux 3 herbes

POUR 4 PERSONNES

PRÉPARATION : 20 MIN • CUISSON : 10 MIN
FACILE • BON MARCHÉ

• 1 l de moules • 4 gousses d'ail • 1/2 bouquet d'estragon
• 1/2 bouquet de persil plat • 1/3 de bouquet de coriandre
• 150 g de beurre mou • 4 cuil. à soupe de panko (chapelure japonaise)
• 1 kg de gros sel • Sel fin • Poivre

1. Nettoyez et ébarbez les moules. Placez-les dans une cocotte sur feu vif et secouez fréquemment pour à peine les ouvrir.
2. Détachez la coquille supérieure des moules pour ne conserver que celle dans laquelle la moule est attachée.
3. Pelez l'ail et écrasez-le au presse-ail. Effeuillez et ciselez les herbes. Travaillez le beurre au batteur et incorporez l'ail, les herbes, du sel et du poivre.
4. Emplissez chaque coquille de beurre manié en couvrant la moule. Disposez-les bien à plat sur une plaque à four, sur un lit de gros sel. Entreposez-les au frais pour faire durcir le beurre.
5. Au moment de servir, préchauffez le gril du four. Parsemez les moules de chapelure panko et enfournez pour quelques minutes en surveillant bien. Les moules doivent être brûlantes et bien gratinées.

Le bon accord :
un montlouis-sur-loire sec.

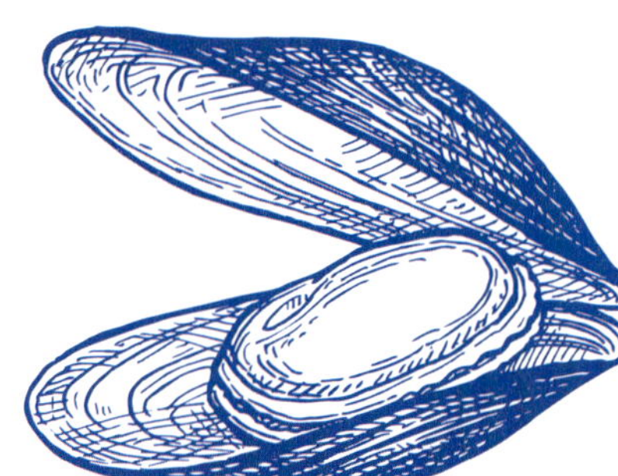

LA NOISETTE

Elle donne envie de se transformer en écureuil tant sa chair croquante et parfumée se glisse volontiers dans des recettes salées ou sucrées.

Fiche d'identité Ce fruit à coque a la cote en France, qui en est le troisième producteur européen. La région de la Nouvelle Aquitaine en récolte une bonne partie. Consommée crue, la noisette est une collation parfaite pour les gourmands, mais elle apporte également sa petite note discrète dans les plats sucrés comme salés. Concassée, hachée, torréfiée à la poêle, elle sublime un fromage de chèvre, enrichit une salade, qui appréciera également son huile, et rehausse le goût d'une viande blanche ou d'un poisson. Elle reste un ingrédient star en pâtisserie, réussissant à tous les coups son duo avec le chocolat.

Bien la choisir Fraîche, la noisette se présente revêtue de sa belle enveloppe verte. Pour vérifier que le fruit est bien arrivé à maturité dans sa coque, on le secoue. Le bon signe ? Aucun bruit ne doit être perceptible. Sèche, la noisette doit être dotée d'une coque brillante, sans trou ni fissure. Décortiqué, le fruit se conserve moins bien et se garde dans une boîte (surtout pas au réfrigérateur qui le rendrait mou et plus sensible aux moisissures). *À partir 3,20 € les 125 g de noisettes bio en vrac.*

Côté nutrition Combinaison gagnante en lipides pour la noisette, qui en plus d'être puissamment antioxydante et de contenir une mine de manganèse, de cuivre et de magnésium, possède un fort taux d'acides gras mono-insaturés et une faible quantité d'acides gras polyinsaturés et saturés. Le résultat ? Un dosage idéal pour réduire le mauvais cholestérol.

Nos bons accords « Pour un dessert à la noisette, on choisira un vin blanc doux naturel », conseille Vincent Damestoy, caviste éclairé des Vins de Vincent à Bayonne. « Un banyuls sera parfait. Pour relever un poisson ou une viande, on privilégiera un vin qui a eu un élevage en barrique pour lui donner une note grillée toastée, en union avec la noisette. » Notre sélection : un mas des chimères ou un vouvray demi-sec. L'erreur à ne pas commettre ? On évite d'aller sur un vin trop jeune avec un accent fruité trop marqué.

SALADE
fruitée aux noisettes

POUR 4 PERSONNES

PRÉPARATION : 30 MIN • CUISSON : 25 MIN
FACILE • BON MARCHÉ

• 4 figues bien mûres • 200 g de pousses de cresson • 1 gros bulbe de fenouil • 1 orange bio • 4 œufs extra frais • 10 g de beurre • 70 g de noisettes décortiquées • 4 cuil. à soupe d'huile de noisette • 3 cuil. à soupe de Melfor (ou, à défaut, de vinaigre de cidre) • 1 cuil. à soupe de moutarde en grains • Sel • Poivre

1. Préchauffez le four à 150 °C. Torréfiez les noisettes 4 min dans une poêle à sec. Laissez-les refroidir avant de les concasser.

2. Nettoyez et taillez le fenouil en fines tranches, prélevez 2 bandes de zeste d'orange à l'économe et pressez le fruit pour en extraire le jus. Placez le tout dans une sauteuse. Salez et poivrez légèrement, ajoutez le beurre en parcelles.

3. Coupez un disque de papier sulfurisé à la mesure de la sauteuse et réalisez une cheminée au centre. Placez-le au contact des aliments et portez à ébullition. Laissez cuire 4 à 6 min, ou jusqu'à ce que le fenouil soit fondant mais encore un peu ferme. Sortez-le et faites réduire presque à sec le jus de cuisson. Replacez le fenouil et faites-le caraméliser dans les sucs en surveillant bien la coloration. Réservez.

4. Coupez les figues en fines lamelles. Faites cuire les œufs 8 min dans de l'eau bouillante. Rafraîchissez-les immédiatement sous l'eau bien froide et réservez.

5. Fouettez la moutarde avec le vinaigre et l'huile, assaisonnez.

6. Dressez le cresson dans 4 assiettes. Arrosez de vinaigrette, puis disposez les figues et les tranches de fenouil. Écalez les œufs, coupez-les en deux et placez-les par-dessus. Parsemez de noisettes.

Le bon accord :
un IGP côtes-de-gascogne blanc (Sud-Ouest).

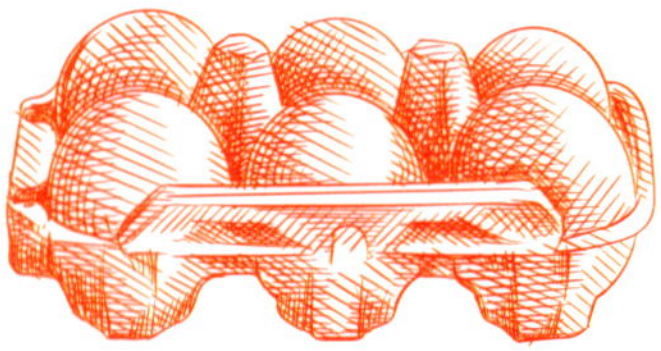

GÂTEAU *écureuil*

POUR 4 PERSONNES

PRÉPARATION : 20 MIN • CUISSON : 25 MIN
FACILE • ABORDABLE

• 6 blancs d'œufs • 100 g de beurre • 150 g de noisettes décortiquées • 150 g de sucre semoule • 70 g de farine

1. Préchauffez le four à 180 °C. Hachez les noisettes. Faites-les griller à sec dans une poêle 3 à 4 min sur feu doux.
2. Faites fondre le beurre dans une petite casserole jusqu'à ce qu'il devienne noisette.
3. Au batteur, montez les blancs d'œufs sans qu'ils soient trop fermes, puis incorporez le sucre à la fin. Ajoutez les noisettes grillées, le beurre noisette et la farine. Mélangez bien le tout.
4. Répartissez la préparation dans un moule en forme de couronne beurré et fariné. Enfournez et laissez cuire 20 min. Laissez tiédir avant de démouler sur une grille.

Le bon accord : un vouvray moelleux (vallée de la Loire).

FROMAGE BLANC, GRANOLA ABRICOT NOISETTE

POUR 4 PERSONNES

• Dans un saladier, mélangez 50 g de flocons d'avoine, 50 g de poudre de noisette, 20 g de noisettes entières décortiquées, 15 g de riz soufflé, 15 g de graines de lin et 4 abricots secs moelleux préalablement taillés en dés. • Faites chauffer ensemble 3 cl de lait, 50 g de miel liquide et 25 g d'huile de noisette, mélangez pour obtenir un appareil bien homogène et versez-le sur le mélange sec précédent. • Mélangez de nouveau pour bien amalgamer et humidifier le tout. • Dispersez sur une plaque à four tapissée de papier cuisson et enfournez pour 25 à 30 min à 150 °C. Répartissez 4 cuil. à soupe de confiture d'abricot dans 4 verrines. • Versez 600 g de fromage blanc lisse entier par-dessus et garnissez de granola.

L'OIGNON DOUX DES CÉVENNES

Moins piquant et plus sucré que d'autres variétés, voilà un condiment qui devient une pépite gustative dans les recettes.

Fiche d'identité Distingué en 2008 par une AOP bien méritée, l'oignon doux des Cévennes, qui fait partie des variétés d'oignons jaunes, se démarque par sa couleur claire et éclatante. Il est cultivé de manière artisanale sur des parcelles en terrasses qui forment de beaux reliefs dans la région. Cru, il possède une chair craquante et juteuse, délicieusement sucrée pour sublimer les salades. Cuit, il devient onctueux sans amertume, avec des arômes de châtaigne, caramélisant légèrement pour envelopper les viandes et les légumes de douceur. Son atout ? Contenant peu de composés soufrés, il ne vous fera pas verser de larmes en l'épluchant !

Bien le choisir Rond ou légèrement en forme de losange et doté d'une peau lisse à l'aspect satiné blanc nacré, grâce à la finesse de ses tuniques, l'oignon doit être brillant, bien ferme et ne pas présenter de traces de moisissure. Disponible d'août à avril, il est à conserver dans un endroit sec et bien aéré. *À partir de 4,90 € les 500 g.*

Côté nutrition Ce légume bulbe fait partie de la famille des alliacées et bénéficie donc de leurs vertus protectrices contre les maladies cardio-vasculaires. Concentré de nutriments, l'oignon est un champion pour sa teneur en antioxydants, mais aussi en calcium, phosphore et magnésium.

VELOUTÉ D'OIGNONS
des Cévennes au lait de coco

POUR 4 À 6 PERSONNES

PRÉPARATION : 30 MIN • CUISSON : 30 MIN
FACILE • BON MARCHÉ

• 1 kg d'oignons doux des Cévennes • 1 citron vert bio • 1 noix de gingembre frais • 3 brins de coriandre • 1 tige de citronnelle • 50 cl de lait de coco • 50 g de cacahuètes • 2 cuil. à soupe d'huile d'olive • Sel • Poivre

1. Pelez et émincez les oignons, pelez et hachez le gingembre. Ôtez les premières feuilles de la tige de citronnelle. Coupez son extrémité et taillez-la en tronçons.
2. Faites suer les oignons à feu doux dans une casserole avec l'huile d'olive. Au bout de 5 min, ajoutez le gingembre et la citronnelle, puis continuez la cuisson encore 10 min à feu doux. Versez alors le lait de coco, complétez avec un peu d'eau si nécessaire pour couvrir l'ensemble à hauteur. Salez, poivrez, couvrez et continuez la cuisson encore une bonne quinzaine de minutes (les oignons doivent être fondants).
3. Faites dorer à sec les cacahuètes dans une poêle pendant 3 min. Concassez-les grossièrement.
4. Retirez la citronnelle, mixez le contenu de la casserole afin d'obtenir une préparation bien lisse. Rectifiez l'assaisonnement, versez dans des bols de service, décorez de coriandre ciselée et de cacahuètes. Râpez un peu de zeste du citron vert au-dessus de chaque bol et ajoutez un filet de son jus.

Le bon accord : un IGP cévennes blanc (Occitanie).

TATIN D'OIGNONS DOUX
au miel, thym et piment d'Espelette

POUR 6 À 8 PERSONNES

PRÉPARATION : 25 MIN • CUISSON : 1 H 30
FACILE • BON MARCHÉ

• 1,2 kg d'oignons doux des Cévennes • 1 petit bouquet de thym frais • 50 g de beurre • 1 rouleau de pâte feuilletée pur beurre • 50 g de miel de montagne • 1 cuil. à café rase de piment d'Espelette • Sel • Poivre

1. Préchauffez le four à 180 °C. Répartissez le miel dans le fond d'un moule à manqué, parsemez de piment et de thym émietté.
2. Pelez les oignons et coupez-les en six, disposez les morceaux en rosace, face bombée contre le fond du moule, en les serrant bien car ils vont réduire à la cuisson. Parsemez-les de parcelles de beurre et assaisonnez généreusement.
3. Enfournez pour 45 min à 1 h. Passé ce temps, sortez le moule du four et laissez complètement refroidir.
4. Préchauffez à nouveau le four à 180 °C. Déroulez la pâte sur les oignons confits froids. Pincez la pâte contre les bords du moule et piquez-la à l'aide d'une fourchette ou d'un couteau.
5. Enfournez pour 45 min. Passé ce temps, éteignez le four et laissez-y tiédir la tarte 10 à 15 min.
6. Renversez-la sur un plat de service lorsqu'elle est encore tiède et coupez-la en parts. Proposez éventuellement un peu de crème fraîche épaisse en agrément.

Conseil Décorez-la de thym citron frais et de copeaux de parmesan.

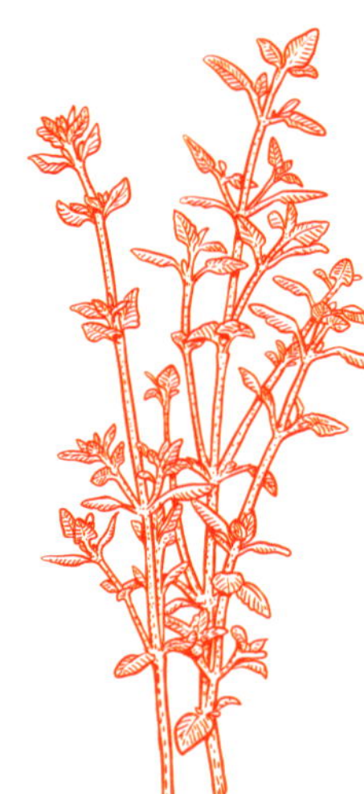

Le bon accord : un irouléguy blanc (Sud-Ouest).

LA PÊCHE

Elle reste vraiment un fruit bien de saison à savourer tout l'été aussi bien en version crue ou cuite, sucrée ou salée.

Fiche d'identité Sous sa peau veloutée, la pêche séduit toujours par sa finesse de goût. La blanche est particulièrement aromatique et délicate. La jaune est plus robuste. Certains gourmands paresseux n'ont d'yeux que pour la nectarine et le brugnon à croquer sans devoir être pelés. Ils se privent de la grande diversité des variétés de pêches. Par exemple les pêches de vigne, affichant souvent une chair sanguine délicieuse et dont il existe aussi des variétés jaunes ou blanches. Ou les pêches plates jaunes ou blanches très parfumées. La pêche a été l'un des fruits favoris de Louis XIV. Elle a été magnifiée par le chef des palaces, Auguste Escoffier, dans la pêche Melba, l'une de ses célèbres créations à la fin du XIXe siècle. De ce passé aristocratique, la pêche garde l'image d'un fruit raffiné. Elle s'associe volontiers à la verveine, au basilic, au romarin, à la menthe, à la cannelle, à la vanille, au safran, au gingembre, à la pistache, à l'amande ou la noisette.

Bien la choisir Privilégiez la proximité. En France, elles sont cultivées surtout en Languedoc-Roussillon, Provence-Alpes-Côte d'Azur, Rhône-Alpes et Tarn-et-Garonne. Le label Vergers écoresponsables signale que le producteur a adopté une charte inspirée par le développement durable. Les vergers cultivés en bio sont très minoritaires mais progressent. *Autour de 2,50 € le kg.*

Côté nutrition Composée à 90 % d'eau et peu sucrée, la pêche est légère en calories (40 kcal aux 100 g) et rafraîchissante. Elle apporte du potassium, des fibres, des vitamine C et provitamine A. Ce n'est pas pour rien qu'avoir la pêche est synonyme d'être en forme !

Nos bons accords Pour un dessert amandes et pêches : un vin liquoreux de Loire ou d'Alsace, ou un vin doux naturel à base de muscat. Sur une tarte ou un clafoutis : un liquoreux bordelais ou du Sud-Ouest. Pour une salade pêche et fruits rouges, gardez le vin rosé du repas. Avec une pêche Melba, vive les bulles d'un cerdon-du-bugey !

PETITS FLANS
de pêches aux calissons

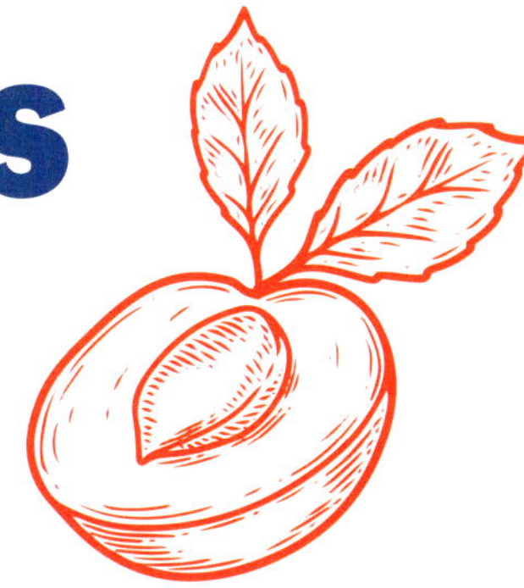

POUR 4 PERSONNES

PRÉPARATION : 20 MIN • CUISSON : 30 MIN
FACILE • BON MARCHÉ

4 pêches • 3 œufs • 50 cl de boisson végétale d'amande • 100 g de sucre • 1 cuil. à soupe rase de Maïzena • 4 calissons d'Aix

1. Pelez les pêches (ébouillantez-les si nécessaire), puis coupez-les en morceaux en ôtant les noyaux. Placez-les dans une casserole, ajoutez 20 g de sucre et faites caraméliser 5 min sur feu vif en remuant sans cesse. Répartissez les fruits dans 4 ramequins.
2. Préchauffez le four à 180 °C. Dans un saladier, fouettez le sucre avec la Maïzena et les œufs. Toujours en fouettant, ajoutez petit à petit la boisson végétale.
3. À l'aide d'un couteau, ôtez la fine feuille qui est à la base des calissons, puis coupez-les grossièrement au couteau, répartissez-les dans les ramequins. Versez-y la préparation à l'amande. Posez-les dans un plat rempli d'eau à moitié.
4. Enfournez le plat pour une cuisson au bain-marie d'environ 30 min. Les flans doivent être pris, mais tremblotants. Servez tiède ou laissez complètement refroidir avant de placer les flans au moins 1 h au réfrigérateur pour les servir frais.

Le bon accord :
un muscat-de-beaumes-de-venise
(vallée du Rhône).

PÊCHES RÔTIES AU SAFRAN
POUR 6 PERSONNES

• Mélangez 1 dose de safran et 10 cl d'eau tiède. Réservez. Pelez 4 pêches jaunes bien mûres, coupez-les en deux pour les dénoyauter. • Mettez-les à colorer doucement avec 40 g de beurre dans une sauteuse. • Ajoutez 5 cuil. à soupe de miel d'acacia. • Faites caraméliser les fruits environ 10 min en les retournant régulièrement. Ajoutez l'eau au safran. • Faites réduire le sirop 20 min en arrosant régulièrement les pêches. • Servez les pêches tièdes, arrosées de sirop et parsemées d'éclats de pistaches non salées.

COBBLER aux pêches

POUR 4 PERSONNES

PRÉPARATION : 25 MIN • CUISSON : 35 MIN
FACILE • BON MARCHÉ

• 1 kg de pêches mûres (blanches ou jaunes) • 150 g de farine • 90 g de beurre froid + 10 g pour le moule • 150 g de sucre en poudre • 15 cl de lait • 1 gousse de vanille • 1/2 sachet de levure chimique • 50 g d'amandes mondées • Sel

1. Coupez les amandes en morceaux, faites-les légèrement torréfier à sec dans une poêle. Pelez les pêches (ébouillantez-les si nécessaire). Découpez-les en fines tranches en éliminant les noyaux.
2. Préchauffez le four à 180 °C et beurrez un plat à four. Déposez les pêches, poudrez-les d'une cuillerée à soupe de sucre et enfournez pour 10 min.
3. Pendant ce temps, coupez le beurre en dés. Dans le bol d'un robot, réunissez la farine, la levure, le reste de sucre, 40 g d'amandes, les graines de la gousse de vanille fendue, et une pincée de sel. Faites fonctionner l'appareil en incorporant petit à petit les dés de beurre pour obtenir une pâte friable. Ajoutez un peu de lait pour que le mélange devienne homogène.
4. Sortez le plat de pêches du four (ne l'éteignez pas). Parsemez les fruits du reste d'amandes grossièrement concassées et grillées puis déposez des cuillerées à soupe de pâte sur les fruits (celle-ci ne doit pas les recouvrir uniformément). Remettez au four pour environ 25 min. Servez chaud ou tiède.

Le saviez-vous ? Les Anglais et les Américains revendiquent la paternité de ce dessert classique, qui s'accommode de toutes sortes de fruits selon les saisons. Cousin moelleux du crumble, on le sert aussi avec une boule de glace à la vanille.

Le bon accord :
un crémant rosé d'Alsace.

LE PETIT POIS

La France en est le premier pays producteur européen.
Sa saison est courte, mais ses recettes se renouvellent sans cesse.

Fiche d'identité Sa culture demande un savoir-faire, avec une récolte qui se fait à la main, d'où son prix. D'ailleurs le petit pois est plus populaire en conserve que frais. Pourtant, le goûter à la croque au sel sur du pain grillé et du beurre salé ouvre l'appétit pour d'autres alliances, comme un gaspacho de petits pois à la menthe ou servi avec une mousse de fromage de chèvre. Sans oublier les classiques jardinières ou petits pois à la française.

Bien le choisir Frais, il est vendu dans sa cosse, qui doit être bien verte, brillante et gonflée. Un peu trop jaune ? Le légume risque d'être trop farineux. Goûtez-en un pour vous assurer de son croquant. À savoir : 1 kg de gousses permet d'obtenir 400 g net de petits pois. *À partir 4,50 €/kg.*

Côté nutrition Considéré à la fois comme un légume et une légumineuse, il contient trois fois plus de protéines que les autres végétaux, en plus d'être riche en calcium, magnésium, phosphore et en vitamines du groupe B.

SAUTÉ D'AGNEAU
aux petits pois

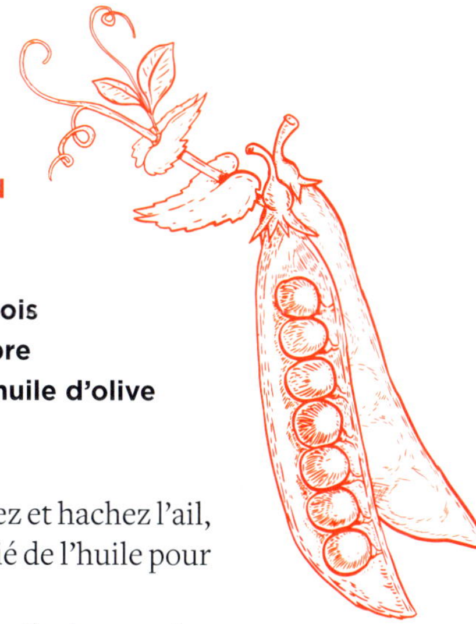

POUR 4 PERSONNES

PRÉPARATION : 20 MIN • CUISSON : 45 MIN
FACILE • BON MARCHÉ

• 800 g d'agneau pour sauté • 1 kg de petits pois • 1 oignon • 1 gousse d'ail • 1 noix de gingembre • 12 olives vertes dénoyautées • 1 citron confit • 5 cl d'huile d'olive • 25 cl de bouillon de veau • Sel • Poivre

1. Écossez les petits pois. Coupez la viande en gros cubes. Pelez et hachez l'ail, l'oignon et le gingembre. Faites revenir la viande dans la moitié de l'huile pour la faire dorer. Réservez-la.

2. Dans la même cocotte, versez le reste de l'huile et ajoutez ail, oignon, gingembre. Laissez cuire 5 min, puis remettez la viande. Versez la moitié du bouillon. Salez et poivrez. Mélangez bien et continuez la cuisson encore 20 min.

3. Ajoutez les petits pois, versez le reste du bouillon et continuez la cuisson encore 15 min. Rincez les olives, coupez l'écorce du citron en petits cubes. Ajoutez le tout dans la cocotte, continuez la cuisson 5 min. Servez directement dans la cocotte.

Le bon accord : un bandol rouge (Provence).

SOUPE DE PETITS POIS
POUR 4 PERSONNES

• Écossez 1 kg de petits pois. Rincez et faites tremper les cosses 2 h, puis faites-les cuire dans 1 l de bouillon de légumes pendant 20 min. • Mixez. Faites blondir 1 oignon haché avec 25 g de beurre, ajoutez les pois et 2 brins de persil haché, couvrez à hauteur avec de l'eau et laissez cuire 20 min. • Ajoutez la purée de cosses, assaisonnez, mélangez bien avant de servir.

PETITS POIS
à l'étuvée

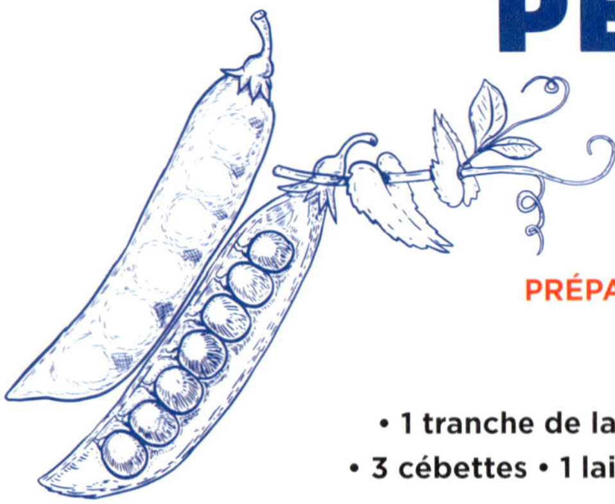

POUR 4 PERSONNES

PRÉPARATION : 20 MIN • CUISSON : 20 MIN
FACILE • BON MARCHÉ

• 1 tranche de lard fumé • 1 kg de petits pois • 3 petites carottes • 3 cébettes • 1 laitue • 10 cl de bouillon de volaille • 50 g de beurre • 3 brins de cerfeuil • Sel • Poivre

1. Écossez les petits pois. Lavez la laitue et conservez les grandes feuilles entières. Coupez le cœur de la salade en quatre. Pelez les carottes et coupez-les en biseau. Lavez et émincez les cébettes en conservant leur extrémité verte.
2. Coupez le lard en bâtonnets. Faites-les sauter 2 min dans une poêle à sec.
3. Tapissez le fond d'une cocotte avec les feuilles de laitue. Versez les pois, les carottes et les cébettes dessus. Ajoutez les lardons, les cœurs de laitue et le beurre coupé en petits morceaux. Mouillez avec le bouillon. Salez, poivrez.
4. Repliez les feuilles de laitue vers le centre et posez un couvercle sur la cocotte. Faites cuire à feu vif pendant 15 à 20 min. À mi-cuisson, mélangez le contenu de la cocotte et laissez au besoin réduire un peu le liquide.
Servez après avoir parsemé de brins de cerfeuil.

**Le bon accord :
un chablis (Bourgogne).**

LA POIRE

Elle est présente sur les étals de septembre à mars avec une dizaine de variétés stars qui s'imposent parmi plus de 1500 espèces existantes à travers le monde.

Fiche d'identité Croquante ou fondante, sa chair parfumée est un délice de douceur dans les recettes sucrées ou salées. Les poires d'été cèdent la place aux reines de l'automne et de l'hiver, comme la conférence qui fait des merveilles en pâtisserie, notamment avec le chocolat, ou la poire Doyenné du Comice, idéale avec le fromage ou pour adoucir une viande. Toutes deux bénéficient d'une Indication géographique protégée, sous l'appellation Poires de Savoie.

Bien la choisir Une peau lisse et sans meurtrissure : la poire d'hiver doit être ferme, tout en restant souple au niveau du pédoncule, solidement attaché au fruit. Elle pourra achever sa maturation, chez vous, à l'air ambiant. *À partir de 3,40 €/kg pour une poire conférence bio.*

Côté nutrition Rafraîchissante et peu calorique (environ 50 kcal pour 100 g), elle contient 10 % des apports journaliers recommandés en vitamines C et B9. Ses fibres solubles et insolubles facilitent la digestion. Son bémol ? Sa teneur en sorbitol, redoutée des intestins sensibles.

CHIPS de poires

POUR 4 PERSONNES

PRÉPARATION : 10 MIN • CUISSON : 45 MIN
ASSEZ FACILE • BON MARCHÉ

• 4 poires bien fermes • Une douzaine de noix • 125 g de roquefort • 50 g de sucre en poudre • 4 tranches de pain de campagne aux fruits

1. Préchauffez le four à 180 °C, à chaleur tournante. Lavez et découpez les poires en tranches les plus fines possible dans leur hauteur sans les éplucher, ni les épépiner. C'est pour cela qu'il faut choisir des fruits pas trop mûrs. Posez-les en les espaçant légèrement sur un tapis silicone posé sur la plaque du four. Saupoudrez-les de sucre.
2. Enfournez-les en les surveillant souvent. Si elles brunissent trop vite, baissez la température du four. Laissez cuire environ 20 min en les retournant à mi-cuisson. Baissez ensuite la température du four à 150 °C et poursuivez 10 à 15 min. Il faut que les tranches durcissent et se dessèchent.
3. Faites griller le pain, cassez les noix et servez les chips avec le fromage, le pain et les noix. S'il en reste, conservez les chips à l'abri de l'humidité.

**Accord vin :
un sauternes (Bordeaux).**

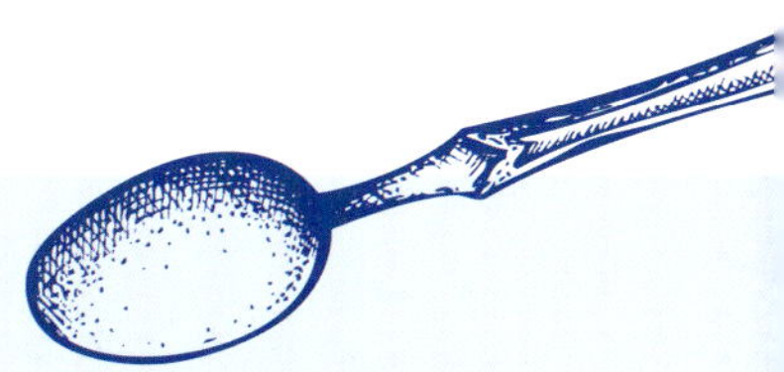

POIRES BELLE-HÉLÈNE

POUR 4 PERSONNES

• Faites pocher 4 belles poires dans une casserole d'eau avec 150 g de sucre en poudre pendant environ 15 min. Égouttez-les soigneusement et laissez-les refroidir. • Cassez 200 g de chocolat noir et faites-le fondre 5 min dans une petite casserole au bain-marie avec 25 g de beurre. • Nappez les poires avec le chocolat chaud, saupoudrez d'amandes effilées et servez avec une boule de glace à la vanille.

CAKE AUX POIRES
et au miel

POUR 6 À 8 PERSONNES

PRÉPARATION : 20 MIN • CUISSON : 45 MIN
FACILE • BON MARCHÉ

• 4 œufs • 1 kg de poires mûres • 300 g de beurre demi-sel
• 250 g de farine • 200 g de sucre en poudre • 75 g de miel
• 2 cuil. à café de levure chimique • 1 pincée de fleur de sel

1. Pelez les poires et coupez-les en cubes. Faites-les dorer dans une poêle avec 50 g de beurre et ajoutez le miel au bout de 3 min et laissez le tout caraméliser.
2. Préchauffez le four à 180 °C. Dans le bol d'un robot, mélangez le beurre mou coupé en petits morceaux avec le sucre, puis ajoutez les œufs entiers un par un. Tamisez ensemble farine et levure et ajoutez-les avec le sel. Versez délicatement les poires et leur jus dans l'appareil à cake. Mélangez et versez le tout dans une moule à cake beurré et fariné. Enfournez pour 45 min de cuisson. Attendez 10 min avant de démouler.

Conseil Vous pouvez ajouter dans la préparation un peu d'eau-de-vie de poire.

Accord vin :
une eau-de-vie de poire.

LE POIREAU

Si on le trouve toute l'année, c'est au début du printemps qu'il est le plus petit et fin. Dans tous les cas, il se prête à de multiples recettes.

Fiche d'identité La France est le premier pays producteur européen de poireaux. De mai à fin juillet, le poireau primeur, à la saveur un peu sucrée, s'impose. Fin et de petite taille, sa texture tendre devient un délice cru en salade. Le reste de l'année, le poireau d'hiver est sur tous les étals. Son calibre est plus gros et ses fibres plus denses. En vinaigrette pour une entrée légère, il reste un grand classique. À la vapeur, braisé, dans les gratins, à la poêle, on le retrouve dans les soupes, les quiches, comme la flamiche, spécialité du Nord.

Bien le choisir Une idée reçue à chasser sur la taille du poireau : ce n'est pas parce qu'il est gros qu'il n'est pas tendre ! Trois exigences : des racines propres et bien fournies ; un fût (la partie blanche) ferme et sans meurtrissure ; des feuilles d'un vert soutenu et sans brisure. *À partir de 2 €/kg.*

Côté nutrition Ce légume vert appartient à la famille des alliacées et contient donc des composés soufrés protecteurs pour le corps. Source de fibres et diurétique, il possède une teneur intéressante en calcium, potassium et magnésium.

FLANS AU POIREAU
et au bleu de Bresse

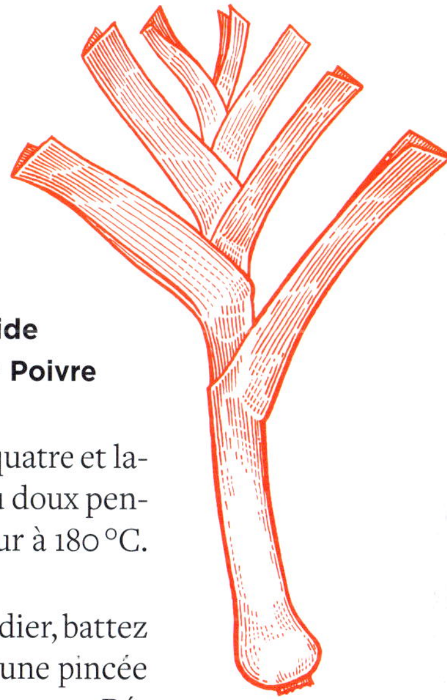

POUR 4 PERSONNES

PRÉPARATION : 10 MIN • CUISSON : 35 MIN
FACILE • BON MARCHÉ

• 3 poireaux • 3 œufs • 15 cl de lait • 15 cl de crème liquide • 150 g de bleu de Bresse • Muscade • 50 g de beurre • Sel • Poivre

1. Retirez la partie verte abîmée des poireaux, puis coupez-les en quatre et lavez-les. Émincez-les, puis faites-les revenir dans une poêle sur feu doux pendant 5 à 10 min dans le beurre mousseux. Faites préchauffer le four à 180 °C. Beurrez de petits ramequins avec le beurre restant.

2. Retirez la croûte du fromage et coupez-le en cubes. Dans un saladier, battez les œufs entiers avec le lait et la crème. Salez, poivrez et ajoutez une pincée de muscade râpée. Ajoutez les poireaux et le fromage et mélangez encore. Répartissez la préparation dans les moules et faites cuire au bain-marie environ 25 min. Démoulez et servez les flans accompagnés d'une salade verte.

Le bon accord :
un côtes-du-rhône blanc.

TARTE AUX POIREAUX
POUR 6 PERSONNES

• Lavez et émincez 6 petits poireaux. Faites-les fondre à feu doux. • Déroulez 1 pâte feuilletée et garnissez-en un plat à tarte. • Fouettez 50 cl de crème liquide avec 5 œufs, 150 g de fromage râpé et les poireaux. • Salez et poivrez. • Faites préchauffer le four à 180 °C. • Faites revenir à sec 150 g de lardons fumés et parsemez-en la pâte, versez l'appareil aux poireaux et enfournez pour 45 min environ.

POIREAUX MIMOSA
à notre façon

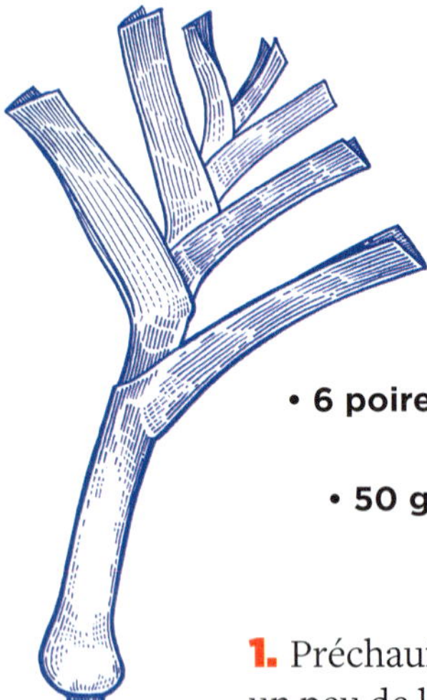

POUR 4 PERSONNES

PRÉPARATION : 10 MIN • CUISSON : 25 MIN
FACILE • BON MARCHÉ

• 6 poireaux • 2 œufs • 50 g de câpres au vinaigre • 12 filets d'anchois • 5 brins de cerfeuil • 1/2 baguette un peu rassise • 50 g d'olives dénoyautées • 50 g de beurre • 5 cl d'huile d'olive • Le jus d'1/2 citron • Sel • Poivre

1. Préchauffez le four à 180 °C. Lavez soigneusement les poireaux, conservez un peu de leur vert et coupez-les en deux dans la longueur s'ils sont gros. Posez-les sur une plaque recouverte de papier cuisson, badigeonnez-les avec un peu d'huile et enfournez pour 20 à 30 min de cuisson, jusqu'à ce qu'ils commencent à prendre une belle couleur dorée.
2. Pendant ce temps, faites durcir les œufs 9 min dans une casserole d'eau bouillante. Rafraîchissez-les sous l'eau, écalez-les et hachez-les.
3. Coupez le pain en petits cubes. Faites-les dorer dans une poêle avec le beurre pendant 5 min en les retournant souvent. Égouttez les câpres et les olives. Recoupez les anchois en petits morceaux. Dans un bol, mélangez les câpres avec les anchois, les olives et les œufs hachés. Versez l'huile et le jus de citron. Ajoutez le cerfeuil ciselé, salez, poivrez et mélangez bien.
4. Posez les poireaux sur un grand plat et répartissez le contenu du bol dessus. Parsemez avec les croûtons de pain et dégustez aussitôt.

Le bon accord :
un pouilly-fuissé (Bourgogne).

LA POMME DE TERRE PRIMEUR

Avec sa texture fondante et son goût légèrement sucré, elle mérite vraiment sa place parmi les légumes du printemps.

Fiche d'identité La primeur est récoltée avant complète maturité à partir d'avril-mai et se vend jusqu'au 15 août. Sa désignation légale est « de primeur » ou « nouvelle ». C'est un produit frais qui, au-delà de 6 à 10 jours de conservation, a tendance à verdir et à perdre ses propriétés nutritionnelles. Sa saveur est douce et fraîche car ses sucres ne se sont pas entièrement transformés en amidon. Sa peau, pas totalement formée, est dite « peleuse ». Elle évite la corvée d'épluchage car elle peut juste être frottée. Elle révèle sa fraîcheur et son fondant simplement cuite à la vapeur ou poêlée. Son temps de cuisson est plus court que les pommes de terre de conservation. Celles-ci se récoltent à la même période. Et comme elles sont ramassées à maturité, leur peau est bien formée et leur goût diffère. Sur les étals, elles s'appellent souvent « nouvelles », ce qui a créé des confusions. Une mention « nouvelle récolte » utilisable jusqu'au 30 septembre permet désormais de les distinguer.

Bien la choisir Elle ne doit pas montrer de coloration verte, et sa peau doit être fine et « peler ». Elle peut être label Rouge ou afficher une AOP (île de Ré ou la béa du Roussillon). Pistez aussi celle de Noirmoutier. Spécialiste de primeur, l'île la décline au fil de la courte saison en cinq variétés. *4 à 7 € le kilo selon l'origine.*

Côté nutrition Sa teneur en vitamine C est deux fois plus élevée que celle d'une pomme de terre de conservation. Elle apporte du potassium, du magnésium, du fer, des fibres, surtout si l'on consomme sa peau. Cuite à la vapeur, elle apporte 82 kcal pour 100 g.

Nos bons accords Elle laisse les ingrédients qui l'accompagnent mener l'accord. Rouge, blanc ou rosé, elle s'adapte pour peu que le vin ait de la fraîcheur. En salade, avec des herbes, optez par exemple pour un menetou-salon blanc (vallée de la Loire).

POMMES DE TERRE SAUTÉES
ail et olives

POUR 4 PERSONNES

PRÉPARATION : 20 MIN • CUISSON : 35 MIN
FACILE • BON MARCHÉ

• 800 g de petites pommes de terre nouvelles • 5 gousses d'ail
• 25 olives à la grecque dénoyautées • 1 bouquet de basilic
• 4 cuil. à soupe d'huile d'olive • Sel • Piment d'Espelette

1. Brossez les pommes de terre sous un filet d'eau froide pour retirer la peau. Plongez-les dans une casserole remplie d'eau froide salée et, à l'ébullition, comptez 20 à 25 min de cuisson (selon leur taille). Égouttez-les, puis laissez-les sécher quelques minutes. Coupez-les en deux dans la longueur.
2. Faites chauffer l'huile dans une grande poêle, saisissez les pommes de terre dans l'huile chaude 5 min jusqu'à ce qu'elles soient bien dorées.
3. Pelez et pressez l'ail. Rincez et séchez le basilic, effeuillez-le et ciselez-le grossièrement.
4. Ajoutez l'ail et les olives dans la poêle, parsemez de piment et laissez cuire 1 min de plus. Arrêtez le feu, ajoutez le basilic, mélangez et servez.

**Le bon accord :
un languedoc rosé.**

POMMES DE TERRE
à la peau, au beurre de sauge

POUR 4 PERSONNES

PRÉPARATION : 20 MIN • CUISSON : 45 MIN
FACILE • BON MARCHÉ

• 1 kg de petites pommes de terre nouvelles • 10 feuilles de sauge
• 100 g de beurre • 2 cuil. à soupe d'huile d'olive • Sel • Poivre

1. Préchauffez le four à 180 °C. Brossez les pommes de terre avec leur peau sous un filet d'eau froide. Épongez-les dans un torchon. Disposez-les dans un grand plat à four, arrosez-les d'huile, salez et poivrez-les. Enfournez pour 40 min en les tournant de temps en temps.
2. Pendant ce temps, faites fondre le beurre dans une petite casserole, ajoutez les feuilles de sauge et laissez-les sur feu doux jusqu'à ce qu'elles dorent (le beurre doit être légèrement noisette), puis retirez du feu.
3. Quand les pommes de terre sont cuites, mettez-les dans une grande poêle avec le beurre à la sauge. Faites chauffer quelques minutes en mélangeant puis servez en garniture d'une volaille, d'un rôti ou simplement avec une bonne salade verte.

Le bon accord : un anjou rouge (vallée de la Loire).

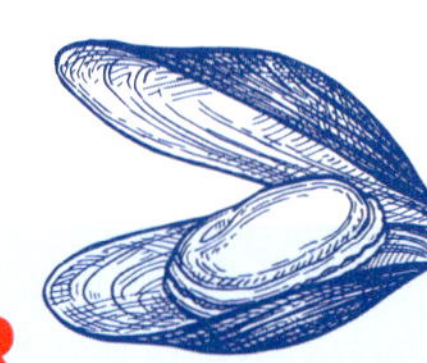

SALADE DE POMMES DE TERRE PRIMEUR AUX MOULES

POUR 4 PERSONNES

• Dans un faitout, laissez s'ouvrir sur feu vif 1 kg de moules avec 2 échalotes hachées et 15 cl de vin blanc sec. • Lavez 600 g de pommes de terre primeur en les frottant sous l'eau. • Faites-les cuire à la vapeur 15 min. Vérifiez la cuisson. Coupez-les en trois. • Arrosez-les d'une vinaigrette faite avec 1 cuil. à soupe de Melfor (ou de vinaigre de cidre), du sel, du poivre du moulin, 2 cuil. à soupe d'huile d'olive, 1 cuil. à soupe d'huile de noisette (ou de noix), et 1 échalote finement ciselée. • Ajoutez les moules décoquillées et 2 poignées de mâche. • Remuez et servez.

LE PRUNEAU D'AGEN

Avec une production française moyenne de 40 000 tonnes par an, le pruneau s'impose naturellement dans l'assiette, et pas seulement en pause gourmande…

Fiche d'identité Conseillé comme remède de grand-mère pour ses vertus laxatives, le pruneau a bien plus d'atouts sous sa peau ridée ! On doit sa naissance à l'ingéniosité des moines bénédictins de l'abbaye de Clairac, dans la vallée du Lot, qui ont eu la brillante idée, au XIIe siècle, de greffer un prunier local avec un plant de prunier de Damas pour créer une nouvelle variété à la peau fine, joliment bleu-mauve, la prune d'Ente, dont le séchage est à l'origine du célèbre pruneau d'Agen, qui bénéficie d'une IGP depuis 2002. Il s'est rendu indispensable dans les recettes sucrées-salées comme un tajine au poulet, un lapin sauté ou un porc au four. Et il enchante évidemment les desserts, de la compote au clafoutis sans oublier le flan et le far.

Bien le choisir Le fruit doit être bien noir, brillant et posséder un aspect moelleux qui se confirmera à la dégustation. Privilégiez les pruneaux vendus avec leur noyau. Ils se conserveront d'autant mieux et auront plus de saveur. Si votre gourmandise n'a pas le dernier mot, vous pourrez les garder plusieurs semaines, bien enveloppés dans un endroit sec et frais. *À partir de 3,50 € pour 150 g.*

Côté nutrition Champion toutes catégories pour régler rapidement les problèmes de transit, il tient son superpouvoir laxatif des fibres qu'il contient. Plus calorique que la prune (253 kcal contre 49 kcal pour 100 g), à cause de sa concentration en sucre, il est également plus concentré en fer, magnésium et vitamine E pour un délicieux cocktail d'énergie.

Nos bons accords Les pruneaux apportent une douceur onctueuse aux plats de viande mijotés, il faudra donc éviter un vin trop tannique. Ils s'harmoniseront en revanche avec un vin doux naturel aux notes légères de miel ou de cacao. Un banyuls sublimera une tarte aux pruneaux, un rivesaltes ou un maury, un tajine. Pour vos desserts, la priorité sera de ne pas ajouter davantage de sucre avec un vin liquoreux. On privilégiera un blanc effervescent ou un rosé, et pourquoi pas un cidre doux ou, plus « punchy », un rhum avec un far aux pruneaux.

PETITS RÔTIS DE VEAU
aux pruneaux

POUR 4 PERSONNES

PRÉPARATION : 30 MIN • REPOS : 5 MIN • CUISSON : 30 MIN
ASSEZ FACILE • ABORDABLE

• 2 grandes escalopes de veau de 300 g chacune • 8 tranches fines de lard fumé • 1 poignée de pousses d'épinards (24 feuilles) • 25 g de beurre • 20 cl de vin blanc sec • 100 g de pruneaux dénoyautés • 40 g de pignons de pin • 2 cuil. à soupe d'huile d'olive • Poivre

1. Demandez à votre boucher d'aplatir les escalopes ou faites-le vous-même, en vous aidant d'un rouleau à pâtisserie. Faites gonfler les pruneaux 5 min dans un bol d'eau chaude. Égouttez-les et hachez-les grossièrement au couteau.
2. Faites griller les pignons à sec 2 min. Étalez les escalopes sur le plan de travail. Poivrez-les, puis posez sur chacune 4 tranches de lard. Parsemez de pruneaux hachés, recouvrez avec des feuilles d'épinards, puis ajoutez les pignons de pin.
3. Roulez chaque escalope sur elle-même et ficelez-les afin de former 2 rôtis.
4. Préchauffez le four à 200 °C. Mettez l'huile à chauffer dans une sauteuse et faites dorer les rôtis sur chaque face. Déglacez avec le beurre et le vin blanc et laissez la sauce épaissir quelques minutes.
5. Placez le tout dans un plat à four et enfournez pour 15 min. Pour servir, découpez les rôtis en tranches fines et servez-les arrosées d'un peu de sauce. Servez avec des pommes de terre vapeur ou une purée.

**Le bon accord :
un cahors (Sud-Ouest).**

FAR BRETON
aux pruneaux

POUR 4 PERSONNES

PRÉPARATION : 15 MIN • CUISSON : 45 MIN
FACILE • BON MARCHÉ

• 250 g de pruneaux • 4 œufs • 75 cl de lait entier • 30 g de beurre salé • 200 g de farine • 180 g de sucre en poudre

1. Préchauffez le four à 200 °C. Mélangez le sucre et la farine dans un saladier. Ajoutez les œufs un par un, en mélangeant bien à l'aide d'une cuillère en bois pour éviter les grumeaux. Versez le lait en filet sans cesser de remuer.
2. Beurrez généreusement un moule. Versez la préparation dedans. Répartissez les pruneaux un à un dans le moule. Enfournez pour 45 min en baissant le four à 180 °C au bout de 10 min. Servez frais ou à température ambiante.

Le bon accord : un rhum.

PRUNEAUX AU VIN ROUGE
POUR 4 PERSONNES

• Versez 75 cl de vin rouge dans une casserole. • Coupez 1 orange bio et 1 citron bio en tranches. Ajoutez-les dans la casserole avec 2 clous de girofle, 1 bâton de cannelle, 10 grains de poivre et 150 g de sucre. Portez à ébullition. • Pendant ce temps, rincez 1 kg de pruneaux à l'eau chaude. Ajoutez-les dans la casserole et laissez cuire 10 min. Éteignez le feu et laissez refroidir les fruits dans la casserole. • Servez bien frais, avec un peu de crème pâtissière si vous le souhaitez.

LE RAISIN SEC

Utilisés dans des recettes sucrées comme salées, les raisins secs apportent une touche sucrée à de nombreux plats faciles à réaliser et savoureux.

Fiche d'identité Réalisée à partir de raisin mûr déshydraté par le soleil et le vent, ou au four, cette pépite est utilisée en pâtisserie ou dans des plats sucrés-salés. Le raisin sec accompagne les volailles, dynamise une salade de fruits ou une glace, se fond dans les viennoiseries ou les céréales du petit-déjeuner… On peut l'utiliser tel quel ou le rendre plus moelleux en le réhydratant dans de l'eau, du rhum ou tout autre liquide. Ce sont surtout des variétés de raisin très sucrées et sans pépins ou presque qui sont séchées, comme le célèbre raisin de Corinthe, le raisin de Smyrne, celui de Malaga, ou le blond issu du cépage thompson-seedless (sultanine).

Bien le choisir Que vous l'achetiez en vrac ou en sachet, privilégiez des fruits à l'aspect moelleux et sans trace de sucre. La couleur, du jaune doré au brun foncé, dépend de la variété du raisin et de son mode de séchage. Celui fabriqué industriellement est souvent enrobé d'huile de palme pour éviter de coller. Tous se conservent plusieurs mois dans un récipient fermé, à l'abri de la lumière et de l'humidité. *À partir de 1,70 € les 125 g.*

Côté nutrition Il concentre les bienfaits du raisin, avec une belle densité énergétique (267 kcal/100 g) qui en fait l'un des en-cas préférés des sportifs. Attention à sa teneur élevée en glucides, compensée toutefois par sa richesse en antioxydants, en vitamines du groupe B, en calcium, magnésium, potassium et bore, un oligoélément précieux pour les os.

Nos bons accords « Quand il est dégusté seul, à l'apéritif par exemple, un vin un peu aromatique soulignera sa saveur », confie Lénaïc Tevelle, caviste de La Cuv, à Bordeaux. « Mon coup de cœur va au muscat-de-beaumes-de-venise Ambre céleste, du Domaine des Enchanteurs. Avec une viande rouge, un vacqueyras ou un gigondas aura toute sa place. Sur une viande blanche ou un couscous, optez pour un vin plus souple et onctueux, comme un grenache de la vallée du Rhône. Deux erreurs à ne pas commettre : choisir un vin rouge trop léger ou un vin blanc sec qui camouflerait l'acidité. »

SABLÉS
aux raisins secs

POUR 40 SABLÉS

PRÉPARATION : 30 MIN • REPOS : 1 H • CUISSON : 10 MIN
FACILE • BON MARCHÉ

• 4 œufs • 200 g de beurre • 400 g de farine • 200 g de raisins secs • 125 g de sucre blond • 125 g de sucre semoule • 5 cuil. à soupe de sucre glace • 1 sachet de levure chimique

1. Dans une grande terrine, battez au fouet électrique les œufs avec les sucres semoule et blond. Ajoutez la farine et la levure. Faites fondre le beurre et versez-le sur la préparation précédente tout en continuant de battre. Enfin, ajoutez les raisins et mélangez bien. Roulez la pâte en boudin de 3 cm de diamètre et laissez-la se raffermir au frais pendant au moins 1 h.
2. Préchauffez le four à 180 °C. Découpez des rondelles de pâte de 1 cm et disposez-les sur une plaque antiadhésive en les espaçant. Enfournez et laissez cuire les sablés une dizaine de minutes en surveillant bien (procédez en plusieurs fournées si votre four n'est pas assez grand).
3. Laissez un peu refroidir et saupoudrez les sablés d'un peu de sucre glace. Conservez-les dans une boîte en fer si vous ne les dégustez pas tout de suite.

Le bon accord : un thé blanc.

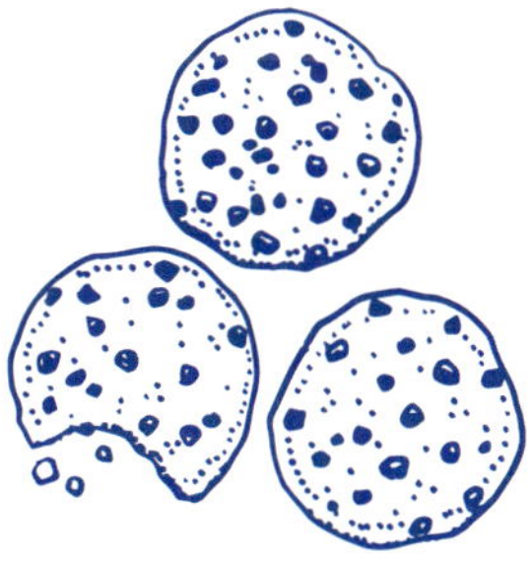

RIZ AU LAIT
rhum-raisins

POUR 4 À 6 PERSONNES

PRÉPARATION : 10 MIN • CUISSON : 45 MIN • REPOS : 10 MIN
FACILE • BON MARCHÉ

• 1 l de lait entier • 150 g de riz rond • 50 g de raisins de Corinthe • 50 g de raisins blonds secs • 10 cl de rhum ambré • 130 g de sucre complet type rapadura • 1 gousse de vanille

1. Placez les 2 sortes de raisins dans une petite casserole avec le rhum. Faites chauffer, puis ôtez du feu et laissez macérer.
2. Placez la vanille fendue en deux et grattée avec le lait dans une casserole, portez à ébullition, puis transférez le tout dans une casserole propre. Ajoutez le riz et faites cuire à feu doux à mi-couvert pendant 40 min en remuant de temps en temps avec une cuillère en bois.
3. Retirez du feu, ôtez la gousse de vanille et ajoutez le sucre et les raisins au rhum. Mélangez, puis couvrez et laissez reposer 10 min. Mélangez à nouveau et laissez refroidir avant de dresser dans un plat de service.
4. Dégustez à température ambiante ou bien frais.

Le bon accord :
un muscat-de-beaumes-de-venise
(vallée du Rhône).

LA REINE-CLAUDE

À la fin de l'été, les branches de pruniers en sont pleines à craquer. C'est l'une des meilleures prunes de table et sa saveur sucrée explose une fois cuisinée.

Fiche d'identité Reine-claude est le nom donné à plusieurs variétés de prunes qui appartiennent toutes à la variété *Prunus domestica* et dont la couleur varie du doré au vert. Les reines-claudes d'Althan, de Bavay ou d'Oullins sont moins connues que la reine-claude dorée, plus parfumée et plus appréciée des gourmets. Très cultivée en région méditerranéenne, on la retrouve sur les étals de la mi-août à la mi-octobre. Sa saveur sucrée la destine à d'excellentes tartes, confitures ou compotes.

Côté nutrition La reine-claude est riche en sels minéraux, en antioxydants, en fibres et en substances laxatives. Composée à 83 % d'eau, elle s'avère donc désaltérante.

Bien la choisir Choisissez des fruits à la chair bien rebondie et à la peau lisse, gage de fraîcheur. Si elle est molle, c'est le signe d'une reine-claude parfaitement mûre : n'attendez pas trop avant de la manger. La reine-claude est un fruit assez fragile. On les conserve à température ambiante ou dans le bac à légumes en bas du réfrigérateur si elles sont déjà bien mûres. *À partir de 3 €/kg.*

COMPOTE
de reine-claude et de poire

POUR 8 POTS

PRÉPARATION : 15 MIN • REPOS : 1 H • CUISSON : 20 MIN
FACILE • BON MARCHÉ

500 g de reines-claudes • 3 poires • 150 g de sucre brun • 1 citron • 1 gousse de vanille

1. Lavez les reines-claudes et dénoyautez-les. Recoupez chaque moitié en deux. Pelez et épépinez les poires. Coupez-les en gros cubes.
2. Placez les fruits dans un grand saladier. Arrosez-les avec le jus du citron et saupoudrez-les avec le sucre brun.
3. Fendez en deux et grattez l'intérieur de la gousse de vanille. Ajoutez les graines aux fruits. Mélangez et laissez mariner 1 h.
4. Reversez le tout dans une grande casserole et laissez cuire 15 à 20 min à feu doux. Laissez refroidir avant de servir accompagné d'une glace à la vanille.

Le bon accord :
un maury blanc
(Languedoc- Roussillon).

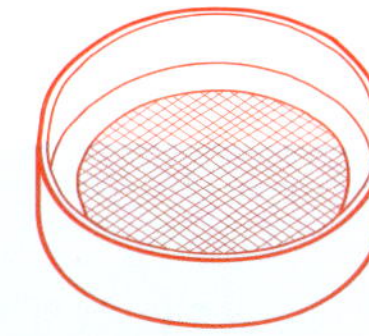

TOURTE AUX REINES-CLAUDES
POUR 6 PERSONNES

• Recouvrez un moule à manqué d'un fond de pâte brisée et laissez dépasser la pâte. Piquez le fond à l'aide d'une fourchette. Dans un grand saladier, mettez 500 g de reines-claudes coupées en deux et dénoyautées. • Mélangez dans un grand bol 100 g de poudre d'amandes avec 2 œufs entiers, 150 g de sucre, 1 sachet de sucre vanillé, 5 cl de rhum et 50 g de beurre fondu. Versez le contenu du bol sur les prunes, mélangez bien. • Versez le tout sur la pâte. Recouvrez l'ensemble avec un autre fond de pâte brisée. • Scellez les bords avec vos doigts. Badigeonnez le dessus avec un pinceau trempé dans un œuf battu et enfournez pour 40 min de cuisson dans le four préchauffé à 180 °C. • Servez tiède.

QUATRE-QUARTS
aux reines-claudes

POUR 6/8 PERSONNES

PRÉPARATION : 10 MIN • CUISSON : 45-50 MIN
FACILE • BON MARCHÉ

• 500 g de reines-claudes • 250 g de beurre demi-sel • 250 g de farine • 250 g de sucre blanc • 50 g de sucre blond • 5 œufs • 1 sachet de levure chimique • 3 cuil. à soupe d'eau de fleur d'oranger

1. Préchauffez le four à 180 °C. Dans le bol de votre robot, faites mousser le sucre avec les œufs entiers pendant 3 min. Ajoutez ensuite le beurre mou et laissez tourner encore. Peu importe si la préparation a l'air de « trancher », c'est normal. Enfin, ajoutez la farine, la levure et l'eau de fleur d'oranger et mélangez rapidement.
2. Versez la préparation dans un moule à cake beurré ou dans des petites alvéoles en Flexipan.
3. Lavez les reines-claudes, coupez-les en deux et dénoyautez-les. Saupoudrez-les de sucre blond. Posez chaque demi-fruit côté peau sur la pâte en les serrant bien. Laissez cuire entre 45 et 50 min. Réduisez le temps de cuisson si vous faites cuire la pâte en petites portions.
Conseils Utilisez du beurre et des œufs de ferme pour préparer ce gâteau et plutôt du sucre blond que blanc. Plutôt que le faire cuire dans un grand moule, mettez la pâte dans des petites alvéoles en Flexipan pour en faire des petites bouchées plus faciles à grignoter et à congeler.

Le bon accord :
un arbois vin de paille (Jura).

LA ROQUETTE

Elle a du piquant cette belle méditerranéenne dont les origines italiennes ont forgé le caractère.

Fiche d'identité Si elle possède les attributs de la salade, elle fait partie de la famille des brassicacées, comme le chou, le radis ou la moutarde. Ce qui explique peut-être son goût un peu poivré et parfois âcre. On lui pardonne bien volontiers son amertume passagère, face à son talent pour venir parfumer, à la façon d'une herbe aromatique, les salades, les sauces ou le fromage.

Bien la choisir Ses jeunes pousses ont une délicate saveur de noisette, alors que les vieilles feuilles se font davantage piquantes, voire un peu amères. Un constat plus prononcé avec la roquette sauvage. La couleur donne une indication sur le goût. Les feuilles plus foncées seront moins aigres et plus tendres. On s'assure au passage qu'elles soient bien fermes et pas trop épaisses. Pour les indésirables, un peu trop défraîchies ou flétries, on pourra toujours les utiliser dans un pesto. *À partir de 1,50 € la barquette de 150 g.*

Côté nutrition Tonique et diurétique, elle est à classer parmi les antioxydants, bénéfiques pour lutter contre l'apparition des maladies cardio-vasculaires, grâce à la présence d'une petite quantité de lutéine et de bêtacarotène.

Nos bons accords Crue ou cuite, elle se consomme volontiers dans les mescluns ou s'associe à la tomate et à la betterave pour une entrée douce et légère. On lui associera alors un vin rouge sec et délicatement boisé, comme un ventoux ou un corbières, et si l'on préfère le blanc, on optera pour un muscadet sec et léger. Elle forme aussi un duo goûteux avec l'aubergine, la courgette et la pomme de terre, se sublimant alors avec un côtes-du-roussillon, qui conviendra également dans les tourtes. Les pâtes à la roquette ou le velouté trouveront un allié de choix avec un bugey rosé.

SALADE de roquette

POUR 4 PERSONNES

PRÉPARATION : 10 MIN • CUISSON : 6 MIN
FACILE • BON MARCHÉ

• 200 g de roquette • 1 bouquet de basilic • 250 g de tomates cerises • 4 œufs extra frais • 100 g de grana padano • 1 quinzaine d'olives noires • 8 cuil. à soupe d'huile d'olive • 4 cuil. à soupe de vinaigre balsamique • 1 cuil. à café de miel • Sel • Poivre

1. Plongez les œufs à température ambiante dans une casserole d'eau bouillante et laissez-les cuire 6 min. Égouttez-les et rincez-les dans un bain d'eau glacée.
2. Lavez les tomates cerises et faites-les poêler avec 2 cuillerées à soupe d'huile d'olive pendant 4 min à feu vif, assaisonnez. Ajoutez le miel et faites rouler les tomates dans la poêle pour les enrober, baissez le feu, couvrez et laissez caraméliser.
3. Dénoyautez les olives. Réalisez des copeaux de grana padano à l'aide d'un économe.
4. Dans un saladier, fouettez le reste d'huile avec le vinaigre balsamique, assaisonnez. Lavez et essorez la roquette et les feuilles de basilic avant de les mélanger dans le saladier. Répartissez le tout dans 4 assiettes.
5. Ajoutez les tomates et les olives. Écalez délicatement les œufs et placez-les au centre de chaque assiette, puis parsemez de copeaux de grana padano.

Le bon accord :
un muscadet (vallée de la Loire).

PESTO DE ROQUETTE

POUR UN POT

• Pelez, dégermez et écrasez 2 gousses d'ail au presse-ail. • Mettez-les dans le bol d'un robot avec 80 g de parmesan râpé, 2 cuil. à soupe de pignons de pin et 100 g de roquette. • Mixez, puis versez un peu d'huile d'olive en filet par la goulotte du robot pour détendre le pesto. • Lorsqu'il est homogène, n'ajoutez plus d'huile et transférez-le dans un pot. • Placez-le au réfrigérateur et conservez-le environ 1 semaine.

PIZZA ROQUETTE
et jambon aux herbes

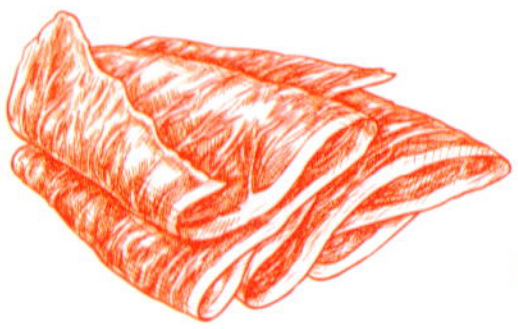

POUR 4 PERSONNES

PRÉPARATION : 20 MIN • CUISSON : 12 MIN • REPOS : 30 MIN
ASSEZ FACILE • BON MARCHÉ

• 500 g de farine • 1 sachet de levure sèche de boulanger (7 g)
• Sucre • Huile d'olive • Sel • Poivre • 150 g de roquette • 1 gousse d'ail
• 4 cuil. à soupe de mascarpone • 80 g de chiffonnade de jambon blanc aux herbes
• 100 g de pecorino pepato

1. Préparez la pâte : délayez la levure dans un peu d'eau tiède en fouettant. Placez la farine, 1 cuillerée à soupe de sel et autant de sucre dans le bol du robot muni d'un pétrin, puis ajoutez la levure, 25 cl d'eau tiède et 3 cl d'huile d'olive. Actionnez jusqu'à obtenir une boule bien homogène. Divisez-la en 2 boules et mettez-les dans des grands bols farinés. Couvrez d'un linge et laissez pousser 30 min à l'abri des courants d'air.
2. Préparez la crème : mixez 100 g de roquette avec l'ail pelé et écrasé au presse-ail, le mascarpone et une pincée de sel et de poivre. Placez au frais.
3. Préchauffez le four à 250 °C. Étalez les pâtes au rouleau sur une surface farinée et placez-les sur un papier cuisson. Transférez-en une sur une plaque de cuisson. Étalez la moitié de crème de roquette. Arrosez d'un filet d'huile d'olive et enfournez en bas du four pour 10 à 12 min.
4. À la sortie du four, procédez de la même façon avec l'autre pizza. Garnissez la première avec la moitié de chiffonnade, 25 g de roquette et de copeaux de pecorino pepato, réalisés avec un économe. Servez en attendant la cuisson de la seconde pizza.

Le bon accord :
un ventoux rosé (vallée du Rhône).

LE ROUGET

Sa subtilité gustative et sa richesse nutritionnelle, associées à un prix accessible, en font un poisson de caractère.

Fiche d'identité Ce poisson de mer appartient à la famille des mullidés. Son nom s'applique à plusieurs espèces, même si on le réserve habituellement au rouget barbet. Sa chair tendre se prête volontiers à tous les modes de cuisson rapides, sans avoir à forcer sur les matières grasses : un filet d'huile d'olive suffit pour que sa peau rose reste intacte. Il est sublimé par la douceur de la tomate, les épices ou une sauce au vin. Il aime les légumes de la Méditerranée, et c'est avec le fenouil ou les artichauts qu'il s'entend le mieux, tout comme avec des crustacés.

Bien le choisir Sa fraîcheur s'évalue à sa peau brillante et à ses branchies bien rouges. Prêtez également attention à son œil, qui doit être vif et bombé, et à ses écailles, qui doivent rester convenablement attachées. Le plus souvent, on l'achète entier et vidé, mais il se trouve aussi en filets. *À partir de 22 € le kg.*

Côté nutrition Il fait partie des poissons semi-gras et contient une bonne proportion d'acides gras mono-insaturés, protecteurs du système cardio-vasculaire. Riche en protéines de bonne qualité, il est aussi bien pourvu en vitamines du groupe B, D et E, en minéraux et oligoéléments comme le sélénium, le fer, l'iode et le phosphore.

FILETS DE ROUGET
au fenouil

POUR 4 PERSONNES

PRÉPARATION : 15 MIN • CUISSON : 10 MIN
FACILE • ABORDABLE

• 12 filets de rouget levés par le poissonnier • 2 bulbes de fenouil et leurs sommités • 1 citron bio • 3 brins de basilic • 12 olives noires dénoyautées • 8 cl d'huile d'olive • 1 cuil. à café de graines de cumin • Sel • Poivre

1. Lavez les fenouils, émincez-les en très fines lamelles, à la mandoline par exemple (gardez quelques plumets pour la finition), mettez-les dans un saladier.
2. Râpez le zeste du citron et pressez le fruit. Ajoutez dans le saladier les olives coupées en rondelles, les zestes et le jus du citron. Versez 5 cl d'huile d'olive, ajoutez les graines de cumin, salez, poivrez et mélangez bien.
3. Faites cuire le contenu du saladier pendant 8 à 10 min dans une sauteuse. Coupez le feu et laissez au chaud.
4. Versez l'huile restante dans une poêle et saisissez les filets de poisson 2 min sur chaque face en les assaisonnant. Pour servir, déposez les filets sur les légumes et parsemez de feuilles de basilic et de plumets de fenouil.

Le bon accord :
un bellet rosé (Provence).

FILETS DE ROUGET AUX FINES HERBES
POUR 4 PERSONNES

• Prélevez une belle bande de zeste de 1 citron bio et coupez-la en brunoise. Hachez finement les feuilles de 5 brins de persil, 5 brins de cerfeuil, 5 brins de basilic et 5 brins de ciboulette, mélangez-les avec 1 gousse d'ail hachée et la brunoise de zeste de citron. • Poivrez et étalez un peu de ce condiment sur 8 gros filets de rouget côté chair. • Apposez 2 filets l'un sur l'autre, chair contre chair. • Faites chauffer 2 cuil. à soupe d'huile d'olive dans une poêle antiadhésive et saisissez les doubles filets 3 min de chaque côté. • Déglacez, 1 min avant la fin de la cuisson, avec le jus du citron mélangé à 1 pincée de cumin et poivrez.

FILETS DE ROUGET
à la niçoise

POUR 4 PERSONNES

PRÉPARATION : 30 MIN • CUISSON : 30 MIN
FACILE • ABORDABLE

• 16 filets de rouget levés par votre poissonnier • 2 carottes • 1 tomate • 1 oignon • 4 champignons de Paris • 1 petit piment fort • 1 échalote • 1 gousse d'ail • 2 brins de thym • 2 feuilles de laurier • 20 cl d'huile d'olive • 15 cl de vin blanc • 10 cl de Melfor (ou de vinaigre de miel) • 1 cuil. à soupe de concentré de tomate • Sel • Poivre

1. Pelez et hachez séparément l'oignon, l'ail et l'échalote. Pelez et épépinez la tomate. Pelez les carottes, retirez le pied des champignons et nettoyez les chapeaux. Coupez tous les légumes en dés.
2. Faites chauffer 3 cuillerées à soupe d'huile dans une sauteuse. Faites revenir l'oignon 5 min, puis ajoutez l'échalote, l'ail et enfin les dés de légumes. Laissez cuire 5 min.
3. Mouillez avec le vin blanc. Relevez avec le concentré de tomate, le laurier, le thym émietté, le piment entier. Salez, poivrez et laissez compoter doucement 15 min. Ajoutez de l'eau si nécessaire. Laissez refroidir.
4. Faites chauffer l'huile restante et le vinaigre dans une poêle, assaisonnez et saisissez les filets de poisson dans le mélange bouillant pendant 3 à 4 min.
5. Dressez un peu de légumes froids sur chaque assiette et disposez les filets de rouget chauds. Arrosez avec un peu de vinaigrette de cuisson.

Le bon accord :
un bellet rosé (Provence).

LA SARDINE

Petit poisson d'eau salée, la sardine appartient à la famille des harengs. L'été, elle est divine au barbecue ou à la plancha.

Fiche d'identité Pêchée de juin à fin septembre, la sardine du début de saison est plus petite et un peu moins grasse que celle pêchée en plein été. C'est en partie lié à sa grande consommation de plancton durant juillet et août. Elle est excellente cuite au four en papillote, grillée au barbecue, mais aussi frite sous une croûte de chapelure.

Bien la choisir Une sardine fraîche possède un dos sombre et un ventre clair et brillant. Au toucher, le poisson doit être ferme. La partie supérieure de la sardine doit être teintée d'un joli vert-jaune. Les yeux doivent être brillants. Gage de fraîcheur absolue : la tête et les yeux doivent être recouverts d'une fine pellicule argentée. Les sardines fraîches se conservent un ou deux jours au réfrigérateur. *Environ 2,60 € le kg.*

Côté nutrition Poissons à chair mi-grasse, les sardines sont très légères et apportent en moyenne 160 calories pour 100 g consommés. Bonne source de protéines et d'oméga 3, la sardine est aussi riche en vitamine B12, vitamine D. Ses apports en calcium, en sélénium et en phosphore sont aussi intéressants.

GRATINÉE
de sardines aux herbes

POUR 4 PERSONNES

PRÉPARATION : 15 MIN • CUISSON : 15 MIN
FACILE • BON MARCHÉ

• 12 filets de sardines • 4 gousses d'ail • 30 g de pecorino râpé • 30 g de poudre d'amandes • 3 tranches de pain de mie rassis sans croûte • 1/2 bouquet de persil • 1/2 bouquet de basilic • 4 cuil. à soupe d'huile d'olive • Beurre pour le plat • Poivre • Sel

1. Hachez grossièrement le pain de mie. Faites-le dorer 3 min dans une poêle avec 2 cuillerées à soupe d'huile pour obtenir une chapelure.

2. Pelez et hachez les gousses d'ail. Lavez et hachez les herbes. Mélangez l'ail, les herbes, le pecorino, la poudre d'amandes et les trois-quarts de la chapelure. Salez et poivrez.

3. Lavez les filets de sardines et vérifiez qu'ils n'aient plus d'arêtes.

4. Préchauffez le four à 200 °C. Beurrez un plat à gratin ou à tarte et éparpillez la chapelure restante dessus. Déposez les filets de sardines en forme d'étoile. Parsemez d'un peu d'huile et assaisonnez.

5. Couvrez le poisson avec le mélange aux herbes. Enfournez pour 12 à 15 min.

Conseil Vous pouvez ajouter du cerfeuil au mélange d'herbes et un peu de flocons de piment d'Espelette.

Le bon accord :
un côtes-de-provence rosé.

LA SAUCISSE DE MORTEAU

La Franche-Comté peut être fière de sa « belle de Morteau », au goût fumé unique qui repose sur un savoir-faire millénaire...

Fiche d'identité Ce pur produit du terroir séduit par sa fabrication artisanale dont la tradition des salaisons n'a pas changé depuis le XVIe siècle. Réalisée à partir de porcs nourris exclusivement au petit-lait, la saucisse est ensuite séchée et fumée au bois de résineux dans un tuyé, une cheminée typique de la région. Cuite, elle révèle alors sa saveur enveloppante, à condition de ne pas la piquer pour préserver cette onctuosité inimitable.

Bien la choisir Reconnaissable à sa forme cylindrique et droite, mais aussi à sa teinte ambrée due à son fumage, et son grain de hachage épais, elle possède un label rouge depuis 2006 et une Indication géographique protégée depuis 2010. *À partir de 6,50 € l'unité.*

Côté nutrition Si son taux de lipides grimpe jusqu'à 30 %, ses graisses contiennent surtout des acides gras insaturés, précieux pour la santé. Riche en protéines, en vitamines du groupe B, en zinc et en sélénium, elle a aussi une forte teneur en sodium.

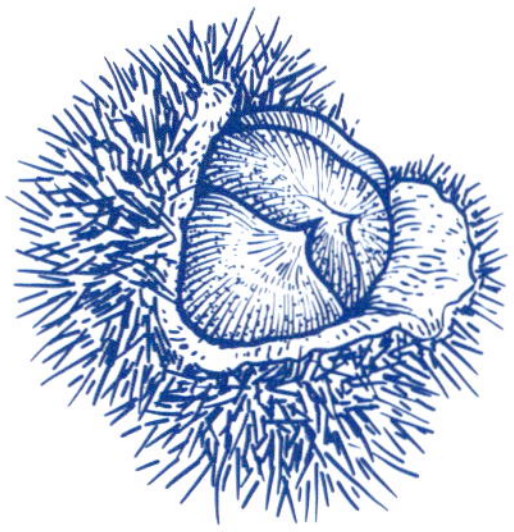

FRIANDS
à la saucisse de Morteau

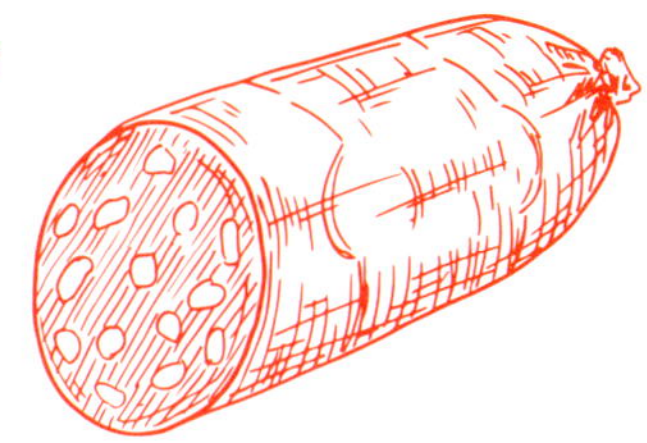

POUR ENVIRON 10 FRIANDS

PRÉPARATION : 30 MIN • CUISSON : 35 MIN
UN PEU DÉLICAT • ABORDABLE

• 1 saucisse de Morteau • 2 œufs • 1 pomme • 15 châtaignes sous vide ou congelées • 1 oignon • 1 orange • 50 g de cheddar • 2 rouleaux de pâte feuilletée ou brisée • 1 brin de romarin • 3 feuilles de sauge séchées • Sel • Poivre

1. Pochez la saucisse, puis retirez la peau et coupez-la en petits dés. Pelez et coupez la pomme en petits dés. Pelez et hachez l'oignon. Émiettez les châtaignes.

2. Dans une poêle, faites blondir l'oignon 5 min, puis ajoutez la chair de la saucisse, les dés de pomme et les châtaignes émiettées. Prélevez les zestes de l'orange et ajoutez-les. Salez, poivrez et mélangez bien. Laissez cuire 5 min. Laissez refroidir. Ajoutez le brin de romarin et les feuilles de sauge, le cheddar râpé et 1 œuf entier. Mélangez bien cette farce.

3. Préchauffez le four à 180 °C. Découpez à l'aide d'un emporte-pièce des ronds de 12 cm de diamètre. Déposez sur une moitié de cercle de pâte un peu de farce, repliez le rond pour former un demi-cercle et roulez les bords. Procédez ainsi jusqu'à épuisement des ingrédients. Mélangez le jaune d'œuf avec 1 cuillerée à café d'eau et badigeonnez-en les friands. Enfournez pour 25 min de cuisson, jusqu'à ce que les friands soient bien dorés. Dégustez chaud.

Le bon accord :
un vacqueras (vallée du Rhône).

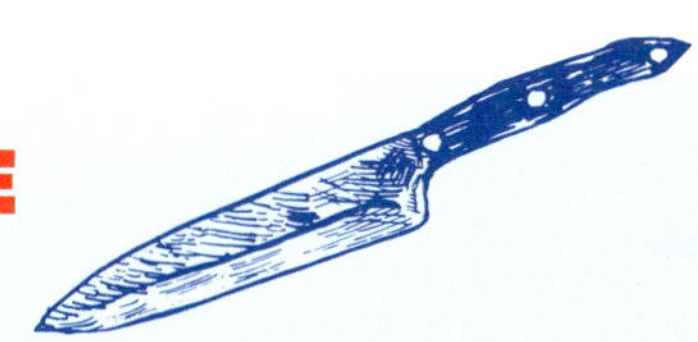

GRATIN DE POMME DE TERRE ET SAUCISSE DE MORTEAU

POUR 4 PERSONNES

• Faites cuire 1 saucisse de Morteau pendant 20 min dans une casserole d'eau frémissante. Égouttez-la. • Pelez 500 g de pommes de terre à chair ferme et coupez-les en rondelles. Lavez-les et essuyez-les. • Faites-les cuire dans une sauteuse avec 30 g de beurre et 3 cuil. à soupe d'huile pendant 20 min. Coupez la saucisse en rondelles. • Ajoutez-les dans la sauteuse avec 10 cl de crème fraîche épaisse et 150 g de comté. • Salez, poivrez, mélangez bien et renversez le tout dans un plat à gratin. Continuez la cuisson au four préchauffé à 180 °C pendant 20 min.

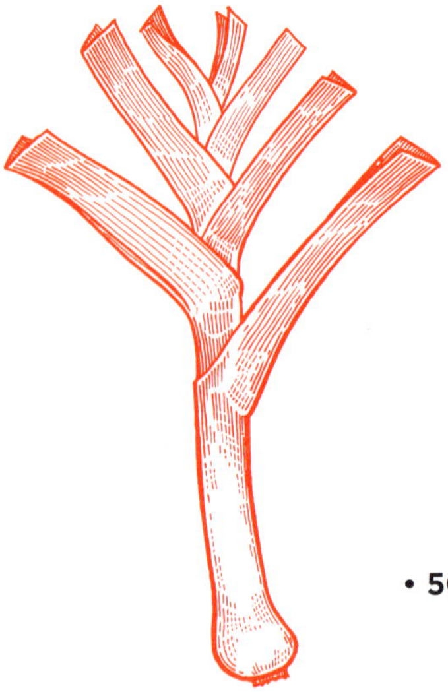

TARTELETTES
à la saucisse de Morteau

POUR 4 PERSONNES

PRÉPARATION : 30 MIN • CUISSON : 30 MIN
UN PEU DÉLICAT • ABORDABLE

• 1 saucisse de Morteau de 400 g • 3 poireaux • 4 œufs • 50 g de beurre • 3 brins de cerfeuil • 200 g de pâte feuilletée • 1 trait de vinaigre • Sel • Poivre

1. Faites cuire la saucisse de Morteau pendant 20 min dans une casserole d'eau frémissante.

2. Lavez et émincez finement les poireaux. Dans une poêle chaude, faites-les cuire dans le beurre mousseux pendant 20 min à couvert et jusqu'à évaporation complète. Salez et poivrez.

3. Foncez 4 moules à tartelette avec la pâte feuilletée et faites cuire à blanc pendant 15 min à 200 °C.

4. Faites bouillir de l'eau dans une casserole et ajoutez-y 1 cuillerée à soupe de vinaigre. Tournez avec une cuillère pour faire un tourbillon. Pochez les œufs l'un après l'autre 2 à 3 min en les cassant dans cette eau frémissante. Égouttez-les délicatement et posez-les sur une feuille de papier absorbant.

5. Étalez la fondue de poireaux sur les ronds de pâte. Découpez la saucisse de Morteau en fines tranches et disposez-les en rosace sur les poireaux. Posez délicatement 1 œuf poché sur chaque tarte. Décorez avec les brins de cerfeuil.

Le bon accord : un mercurey (Bourgogne).

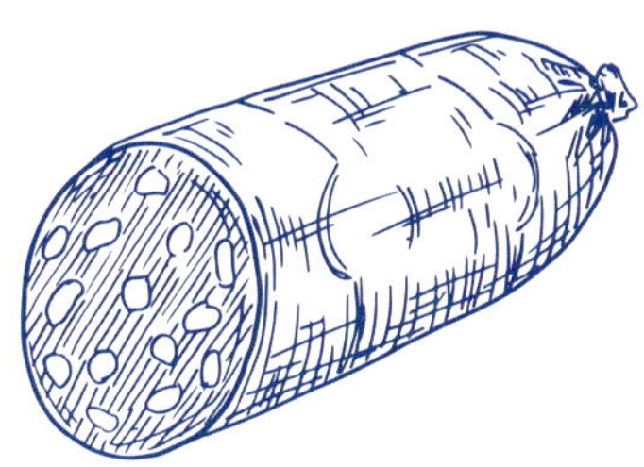

LA TOMATE CERISE

À l'apéritif, elle s'est imposée pour son croquant et ses vertus diététiques mais elle a aussi des qualités culinaires à exploiter.

Fiche d'identité Les grosses tomates sont souvent décevantes en goût, surtout avant le mois de juin ou juillet, le début de leur pleine saison. La tomate cerise, elle, réussit à concentrer les saveurs grâce à sa petite taille. Elle déçoit rarement, sauf si elle a passé trop de temps en chambre froide ou si elle est issue de rendements excessifs. Elle est croquante, tout en fraîcheur avec une note sucrée. Elle n'est plus seulement rouge mais aussi jaune, orange et même parfois verte ou rouge avec des reflets noirs. Les formes aussi varient : ronde, en forme d'olive ou de poire. Elle existe aussi en version grappe. La tomate cerise est en principe plus petite que la tomate cocktail. Elle est presque toujours issue d'une culture sous serre. Il est facile de la faire pousser soi-même, si l'on a un balcon ou un jardin. En France, la pleine saison de la tomate cerise démarre en mars. Sur les étals, la production française côtoie les tomates cerises espagnoles, hollandaises, israéliennes, marocaines… la concurrence fait rage.

Bien la choisir Elle est rarement commercialisée en vrac. Elle est presque toujours emballée mais avec des conditionnements de forme et de taille très variables. Il est impératif de regarder la provenance et le tarif au kilo pour comparer les prix. *De 4 € à plus de 15 € le kilo selon les provenances et les variétés.*

Côté nutrition Elle a tout bon avec ses 15 kcal aux 100 g, sa richesse en eau, sa vitamine C, des sels minéraux comme le potassium, le magnésium et le phosphore ainsi que ses oligoéléments.

Nos bons accords En tarte salée, en poêlée ou avec des pâtes et relevée d'aromates et d'olives noires, elle appelle les rouges ronds, peu tanniques de la vallée du Rhône ou les rosés ayant du corps, comme ceux du Languedoc, de Bandol ou de Lirac. Crue en salade, ou farcie de préparation au chèvre, ouvrez plutôt un côtes-de-provence rosé.

TATIN de tomates cerises

POUR 4 PERSONNES

PRÉPARATION : 20 MIN • CUISSON : 40 MIN (30 MIN POUR LES TARTELETTES)
ASSEZ FACILE • BON MARCHÉ

• 800 g de tomates cerises • 1 rouleau de pâte feuilletée • 100 g de tapenade noire (en pot) • 3 cuil. à soupe d'huile d'olive • 1 cuil. à soupe de sucre de canne • 1 brin de romarin • Sel • Poivre

1. Lavez les tomates, essuyez-les et équeutez-les. Faites chauffer un filet d'huile dans une grande poêle, ajoutez les tomates entières, le romarin, du sel, du poivre et poudrez de sucre. Faites-les cuire sur feu assez vif environ 10 min en secouant souvent la poêle. Laissez tiédir.

2. Préchauffez le four à 210 °C. Disposez les tomates dans un moule à tarte antiadhésif, nappez-les de leur jus de cuisson. Déroulez la pâte sur le plan de travail et tartinez-la de tapenade. Piquez-la de plusieurs coups de fourchette et posez-la sur les tomates, côté tapenade contre les tomates.

3. Enfournez le moule. Au bout de 10 min de cuisson, baissez la température du four à 180 °C et poursuivez la cuisson 20 min.

4. Sortez la tarte du four, laissez-la reposer 5 min. Retournez-la ensuite sur un plat de service. Servez chaud ou tiède.

Le bon accord : un bandol rosé (Provence).

BROCHETTES DE TOMATES CERISES AU LARD

POUR 4 PERSONNES

• Roulez 16 tomates cerises dans des demi-tranches fines de lard fumé avec quelques feuilles de sauge. • Montez 8 minibrochettes avec 2 tomates lardées pour chacune. • Sur feu doux, faites réduire 15 cl de vinaigre balsamique aux deux tiers. Hors du feu, ajoutez 10 g de beurre en fouettant. • Roulez les brochettes dans de l'huile d'olive. • Relevez de piment d'Espelette et salez un peu. Faites-les rissoler à la poêle en les faisant rouler, le lard doit croustiller. • Servez avec la sauce balsamique.

LA TOMME DE BREBIS

Ce fromage possède un goût à la fois prononcé et fin, moins fort que celui de chèvre mais plus affirmé que celui de vache.

Fiche d'identité Pour les montagnards et bergers d'antan, la tomme était un bon moyen de conserver le lait. Ce fromage à pâte pressée non cuite était confectionné en période d'estives, c'est-à-dire de pâturages d'été en altitude. Certains défendent encore ce savoir-faire, comme l'Association d'éleveurs transhumants des trois vallées béarnaises (Aspe, Barétous et Ossau) avec sa démarche « Fromages d'estive ». Mais aujourd'hui, la tomme est aussi produite toute l'année de façon fermière, laitière, voire industrielle. Dans les Pyrénées basco-béarnaises, les fabrications y sont nombreuses (ardi-gasna, laruns…). Seul l'ossau-iraty bénéficie d'une Appellation d'origine protégée (AOP). Auvergne, Rouergue, Ariège, Lozère ou Corse produisent aussi de savoureuses tommes de brebis comme l'Espagne (manchego), l'Italie (pecorino) ou l'Angleterre.

Bien la choisir Races de brebis, savoir-faire, origine fermière ou laitière, lait cru ou pasteurisé, format (tomettes, petites ou grandes meules), durée d'affinage de 2 mois à 1 an (ou plus) vont donner des textures plus ou moins tendres, des goûts de lait, de fruits secs ou plus corsés. Vérifiez qu'il s'agit d'une tomme pur brebis et non pas mi-brebis/mi-vache et que la croûte est naturelle. *De 15 à 35 € le kilo selon le mode de fabrication, l'origine, l'affinage.*

Côté nutrition Elle concentre des protéines, du calcium et du phosphore ainsi que de la provitamine A et des vitamines du groupe B. Bien sûr, comme tous les fromages, elle est énergétique : elle apporte environ 400 kcal aux 100 g et 33 g de lipides.

Nos bons accords Elle se marie à des rouges ronds de la rive droite bordelaise (pomerol, castillon…), du Languedoc, du Sud-Ouest (irouléguy, cahors, gaillac, madiran…) ou des blancs de caractère (collioure, jurançon sec…). Les blancs doux (jurançon, pacherenc-du-vic-bilh) ou les vins doux naturels du Roussillon (banyuls, maury) l'accompagnent aussi bien que la confiture !

SOUPE AUX LÉGUMES ANCIENS
et tomme de brebis

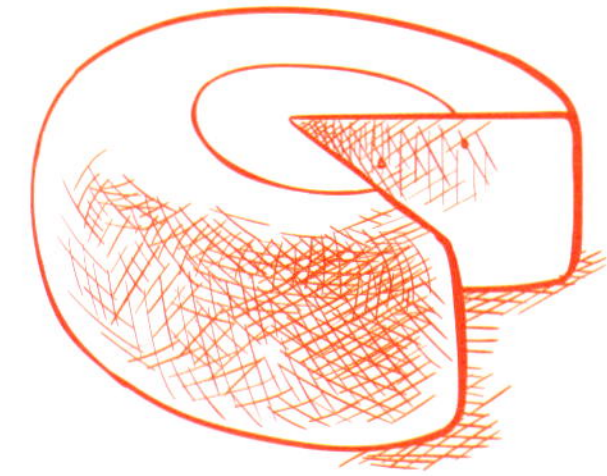

POUR 6 PERSONNES

PRÉPARATION : 30 MIN • CUISSON : 20 MIN
FACILE • ABORDABLE

• 500 g de tomme de brebis pas trop affinée • 400 g de topinambours • 400 g de panais • 1/2 boule de céleri-rave • 1 carotte • 1 branche de céleri • 1 oignon • 1 échalote • 1 étoile de badiane (anis étoilé) • 1 pincée de pistils de safran • 50 g de farine • Sel • Poivre

1. Pelez et émincez l'oignon et l'échalote. Effilez la branche de céleri. Pelez les autres légumes, coupez-les tous en dés, en mettant ceux de topinambours à part.
2. Faites cuire ces dés de topinambours dans un « blanc » : plongez-les dans de l'eau bouillante salée additionnée de farine. Laissez frémir 10 min environ, jusqu'à ce que les topinambours soient tendres. Égouttez et réservez.
3. Dans le même temps, mettez les autres légumes, l'échalote, l'oignon et la badiane dans un faitout. Couvrez d'eau froide à niveau et portez à ébullition. Réglez alors le feu pour que le liquide frémisse environ 10 min (les légumes doivent être tendres).
4. Filtrez ensuite leur bouillon (réservez les légumes au chaud) et remettez-le dans le faitout sur feu vif pour le faire réduire afin d'obtenir environ 70 cl.
5. Écroûtez la tomme et coupez-la en lamelles. Faites-les fondre à feu doux dans le bouillon réduit puis mixez (au mixeur-plongeant). Mettez tous les légumes dans la soupe, poivrez et réchauffez 2 à 3 min. Parsemez de safran et servez bien chaud.

**Le bon accord :
un castillon-côtes-de-bordeaux
(rouge).**

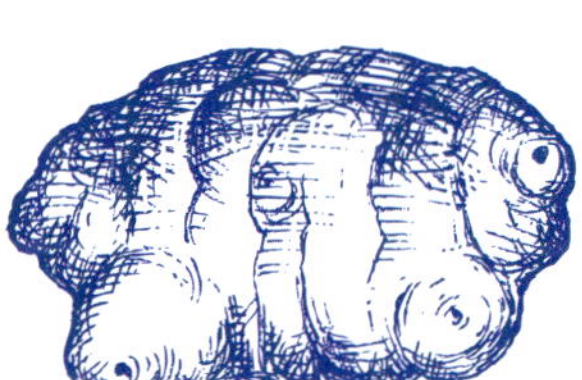

SALADE D'ÉPINARD
œuf poché et tomme de brebis

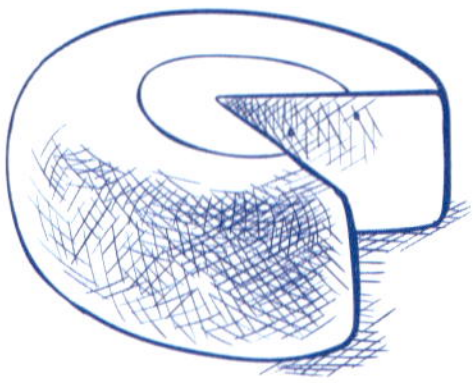

POUR 4 PERSONNES

PRÉPARATION : 30 MIN • CUISSON : 20 MIN
UN PEU DÉLICAT • BON MARCHÉ

• 200 g de jeunes pousses d'épinard • 200 g de tomme de brebis • 4 œufs • 200 g de lardons fumés • 8 noisettes • 2 cuil. à soupe d'huile de tournesol • 1 cuil. à soupe d'huile de noisette • 1 cuil. à soupe de vinaigre de cidre • 1 cuil. à soupe de vinaigre blanc • Sel • Poivre

1. Faites dorer à sec les lardons dans une poêle jusqu'à ce qu'ils soient croustillants. Égouttez-les. Dans la même poêle, faites torréfier les noisettes. Laissez-les refroidir, puis concassez-les.

2. Triez, lavez et essorez les épinards. Écroûtez la tomme, coupez-la en fins bâtonnets.

3. Dans un saladier, mettez du sel, du poivre, le vinaigre de cidre, l'huile de tournesol et l'huile de noisette, émulsionnez le tout à la fourchette. Ajoutez dans ce saladier les épinards, les lardons, les noisettes et le fromage. Mélangez délicatement et répartissez dans 4 assiettes.

4. Faites bouillir 1 litre d'eau et le vinaigre blanc dans une sauteuse. Cassez un œuf dans une tasse et faites-le glisser délicatement dans l'eau frémissante. Comptez environ 3 min de cuisson, puis égouttez l'œuf poché avec une écumoire sur un linge. Coupez les barbes de blanc aux ciseaux. Procédez de même avec les autres œufs.

5. Posez un œuf au milieu de chaque assiette de salade et servez rapidement.

Le bon accord :
un collioure blanc
(vin du Roussillon).

FRITES DE POLENTA AU BREBIS DES PYRÉNÉES

POUR 4 PERSONNES

• Faites bouillir 60 cl de lait. Ajoutez 160 g de polenta précuite en pluie, salez (peu), poivrez, et faites cuire en remuant sur feu doux 5 à 8 min (selon les indications du paquet). • Hors du feu, ajoutez 40 g de beurre, laissez tiédir. Puis ajoutez 120 g de fromage pur brebis des Pyrénées en dés. • Versez dans un moule carré huilé sur 2 cm d'épaisseur. Lissez à la spatule, puis laissez refroidir. • Démoulez la polenta, coupez-la en frites de 2 cm de large. • Faites-les dorer à la poêle avec 20 g de beurre. • Servez avec du jambon cru.

LE TOPINAMBOUR

Entre les panais, les navets et les choux, les topinambours ne sont pas les légumes d'hiver les plus tentants... Alors quils font partie des meilleurs produits de la saison.

Fiche d'identité Sous l'apparence tortueuse de ce petit tubercule rustique se cache un légume plein d'atouts : des arômes concentrés mêlant fond d'artichaut, note fumée et pointe de sucre, et une chair fine, fondante et non farineuse (car sans amidon), idéale pour de nombreuses préparations culinaires. Blanc, jaune, fuchsia ou violacé, en fuseau ou rond selon les quelques variétés disponibles, le tubercule possède un autre avantage. Bien que hérissée de protubérances saillantes, sa peau fine se pèle aisément. On peut même, après un brossage soigneux sous l'eau, le cuire entier et l'éplucher ensuite. Sa culture est plutôt facile. On regrette d'autant plus un prix de vente relativement élevé...

Bien le choisir Le meilleur indice de fraîcheur est la fermeté. La forme n'a pas d'impact sur la qualité, mais les moins biscornus sont plus faciles à peler. Les topinambours se déshydratent et ramollissent rapidement. Si l'on doit les conserver quelques jours au réfrigérateur, il ne faut pas les laver. *De 4,50 à 7 € le kg.*

Côté nutrition Moyennement calorique, celui qu'on appelle aussi artichaut de Jérusalem ou truffe du Canada est bien pourvu en nutriments et sans effet sur la glycémie. C'est une source de fer, potassium, phosphore, vitamines B1 et B5, et surtout d'inuline (glucide complexe aux mille vertus). Le topinambour est plus digeste consommé bien frais ou cru. On peut aussi additionner l'eau de cuisson de feuilles de sauge ou d'une pomme de terre.

Nos bons accords D'un caractère affirmé et affichant une texture moelleuse, son goût puissant lui permet de supporter nombre de vins rouges ou blancs. Le rouge se recrute volontiers parmi les vins légers gardant de la fraîcheur et une dominante de fruits (un léger boisé ne le dérange pas) : arbois ou côte-du-jura rouge, beaujolais ou touraine rouge. En blanc, comme tous les légumes-racines, il apprécie les vins minéraux, chablis, saint-bris, marsannay ou alsace pinot blanc.

TOASTS ET CHIPS
de topinambour

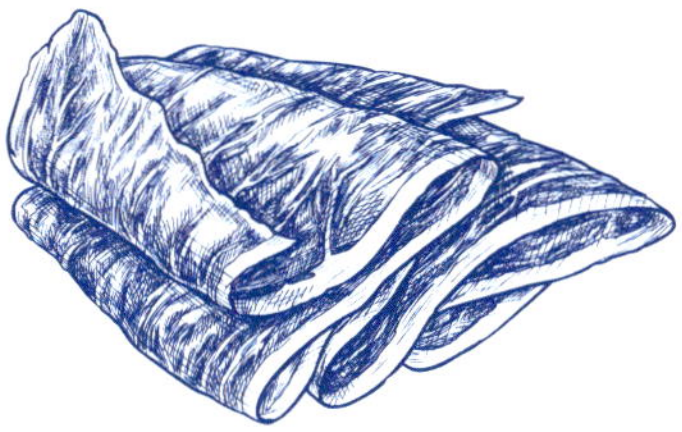

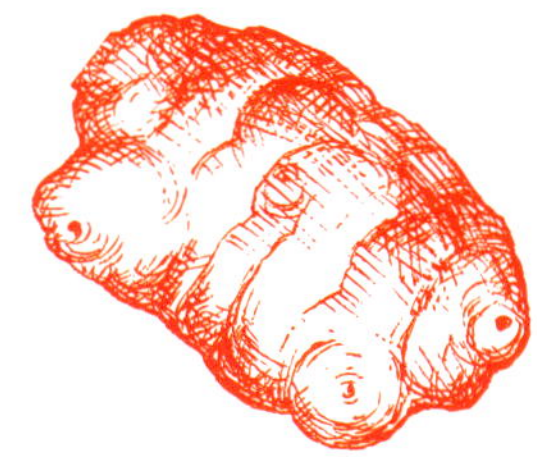

POUR 4 PERSONNES

PRÉPARATION : 30 MIN • CUISSON : 45 MIN
FACILE • BON MARCHÉ

• 2 tranches épaisses de jambon de pays • 600 g de topinambours • 1 oignon • 2 brins de persil • 50 cl de bouillon de légumes • 12 petits pains suédois • 3 cl d'huile végétale • 1 cuil. à café rase de gros sel de Guérande • 2 pincées de poivre vert séché pilé • Sel • Poivre

1. Pelez 400 g de topinambours. Coupez la chair en morceaux. Chauffez l'huile dans une sauteuse. Émincez l'oignon et faites-le revenir 5 min, puis ajoutez 1 tranche de jambon de pays et les topinambours. Versez le bouillon. Faites cuire 20 min environ, égouttez et mixez avec le poivre vert. Salez légèrement.

2. Préchauffez le four à 200 °C. Pelez les topinambours restants, coupez-les en fines rondelles à la mandoline. Mélangez-les avec l'huile et le gros sel. Répartissez-les à plat sur la plaque du four tapissée de papier sulfurisé. Enfournez pour 20 min. Retirez les plus dorées avant si nécessaire.

3. Hachez le jambon de pays restant. Garnissez les pains suédois de purée de topinambour. Répartissez le jambon et du persil ciselé, poivrez et piquez de chips.

Le bon accord :
un chablis (vallée de la Loire).

PARMENTIER DE CABILLAUD AU TOPINAMBOUR

POUR 4 PERSONNES

• Pelez 400 g de topinambours et 300 g de pommes de terre, coupez la chair en morceaux et faites cuire le tout 20 min dans de l'eau bouillante salée. • Égouttez et écrasez en purée en incorporant 15 cl de lait, 20 g de beurre salé, 1 cuil. à soupe d'huile d'olive et 1 jaune d'œuf. Salez, poivrez. • Chauffez 1 cuil. à soupe d'huile et colorez 2 échalotes ciselées. • Ajoutez 10 g de beurre et saisissez 400 g de filet de cabillaud, 3 à 5 min de chaque côté, selon l'épaisseur. Écrasez-le grossièrement avec 10 cl de crème fleurette et 10 cl de lait, salez, poivrez. Préchauffez le four à 190 °C. • Répartissez un peu de purée dans le fond d'un plat graissé, couvrez avec le poisson puis le reste de purée. • Saupoudrez de parmesan et enfournez pour 20 min.

TOPINAMBOURS
sautés au beurre

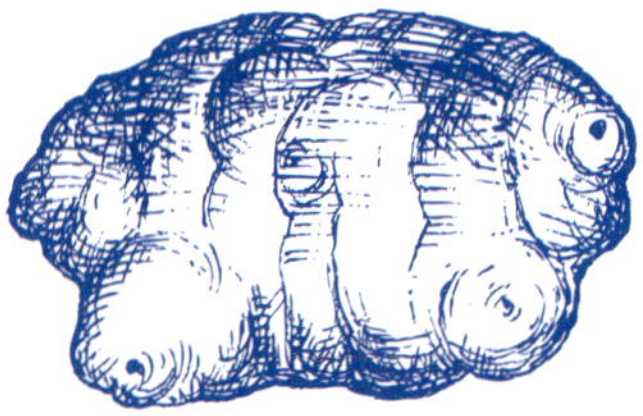

POUR 4 PERSONNES

PRÉPARATION : 20 MIN • CUISSON : 25 MIN
TRÈS FACILE • BON MARCHÉ

• 150 g de foies de volaille • 700 g de topinambours
• 1 petit oignon émincé • 1 gousse d'ail hachée • Brins de thym effeuillés
• 50 g de beurre fermier • 10 olives noires dénoyautées
• 2 cuil. à soupe d'huile d'olive • 1 cuil. à soupe de cognac • Sel • Poivre

1. Assaisonnez les foies de volaille avec le cognac, du sel et du poivre. Chauffez 1 cuillerée d'huile dans une poêle, colorez l'oignon et faites raidir les foies de volaille 5 min. Réduisez le feu, poursuivez la cuisson 5 min. Retirez les foies, coupez-les en dés et réservez.

2. Pelez les topinambours et coupez-les en morceaux. Versez le reste d'huile dans la poêle de cuisson des foies. Chauffez sur feu moyen et jetez-y les topinambours et l'ail. Salez, poivrez et faites colorer 2 min, puis couvrez partiellement. Laissez cuire 5 min sur feu doux en remuant ponctuellement. Incorporez le beurre en parcelles, poursuivez la cuisson 3 min.

3. Ajoutez les foies de volaille et les olives, réchauffez le tout 2 min. Rectifiez l'assaisonnement et saupoudrez de thym avant de servir.

Le bon accord :
un côtes-du-jura rouge.

INDEX

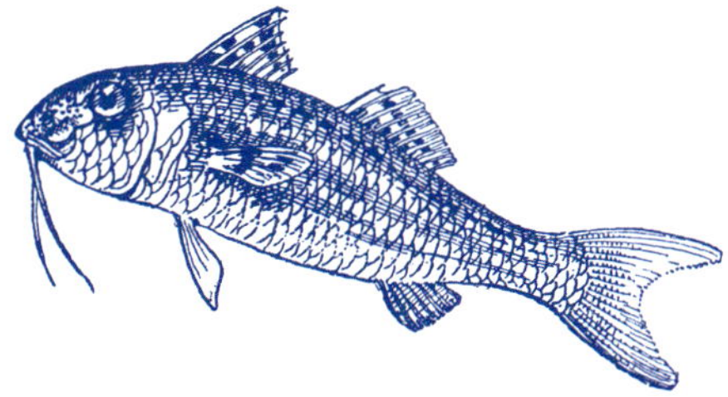

Photographies
Delphine Constantini p. 13, 21, 27, 35, 39, 51, 57, 61, 75, 83, 99, 103, 125, 129, 157, 161, 169 ; Françoise de la Forest p. 17, 53, 69, 79, 95, 109, 113, 187 ; Isabelle Kanako p. 121, 141 ; Laurent Rouvrais p. 7, 9, 25, 31, 43, 47, 65, 71, 85, 91, 107, 117, 133, 137, 145, 149, 153, 165, 173, 175, 179, 185.

Illustrations : © Shutterstock

Stylisme
Catherine Madani p. 137 ; Flora Banguina p. 121, 141 ; Françoise de la Forest p. 17, 53, 69, 79, 95, 109, 113, 187 ; Séverine Augé p. 7, 9, 25, 27, 31, 35, 39, 43, 47, 51, 57, 61, 65, 71, 83, 85, 91, 99, 117, 125, 133, 145, 149, 161, 165, 169, 173, 175, 179.

Direction d'édition : Thierry Lamarre
Édition : Adeline Lobut
Recettes : Tiphaine Campetet, Françoise de la Forest,
Sophie Menut Yovanovitch, Pascale Mosnier.
Textes : Elisa Hendricks, Françoise de la Forest,
Lise Lafitte, Ange-Lise Lapied
Correction-révision : Isabelle Misery
Conception graphique et mise en pages : Carole Schilling Design
Couverture : Carole Schilling Design

Éditions Marie Claire
Publiées par Société d'Information et de Créations - SIC
Une société de Marie Claire Album
10, bd des Frères-Voisin
92792 Issy-les-Moulineaux CEDEX 9 - France
Tél. 01 41 46 88 88
RCS Nanterre 302 114 509
SARL au capital de 822.000 euros

ISBN : 979-10-323-0597-3
N° Éditeur : 38369
Imprimé par Elcograf S.p.A., Vérone, Italie
Dépôt légal : février 2021.

www.sotrendoo.com

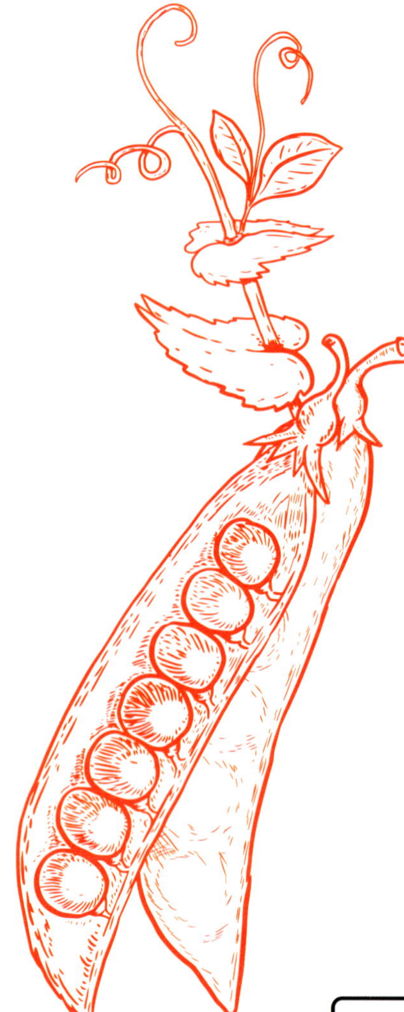